U0641331

课本里的作家

爱阅读
学生精读版
★★★★★

课本里的作家

慢性子裁缝和急性子顾客

周　锐／著

小学语文同步阅读
三年级
彩插精读版

山东教育出版社
·济南·

图书在版编目（CIP）数据

慢性子裁缝和急性子顾客 / 周锐著 . — 济南 : 山
东教育出版社, 2025 . 4 . —（爱阅读·课本里的作家）.
ISBN 978-7-5701-3577-6

Ⅰ. G624.233

中国国家版本馆 CIP 数据核字第 2025P7K253 号

MAN XINGZI CAIFENG HE JI XINGZI GUKE

慢性子裁缝和急性子顾客

周锐　著

主管单位：山东出版传媒股份有限公司
出版发行：山东教育出版社
　　　　　地址：济南市市中区二环南路 2066 号 4 区 1 号　邮编：250003
　　　　　电话：（0531）82092600　　　　　网址：www.sjs.com.cn
印　　刷：肥城新华印刷有限公司
版　　次：2025 年 4 月第 1 版
印　　次：2025 年 4 月第 1 次印刷
开　　本：700 mm × 1000 mm　1/16
印　　张：12
字　　数：145 千
定　　价：35.80 元

（如印装质量有问题，请与印刷厂联系调换）
印厂电话：0538-3460929

红气球糊里糊涂地朝天空飞了上去。她飞得很高很高，已经分辨不出鸽舍的位置了，也没见那只白鸽子追上来。于是她明白了，白鸽子再也不会来拖她回去了。

白鸽子和红气球

扣子老三

"可怜的扣子！"鸟妈妈说，"我们可以收留你，你愿意给我们的孩子当个玩具吗？"

"穿根线儿，挂在脖子上，怪好看的。"鸟爸爸说。

看来小鼻涕龙不是没有鼻涕，而是以前没到流鼻涕的时候。

大鼻涕龙跳起来一把抱住儿子："我的小鼻涕龙！"

大鼻涕龙和小鼻涕龙

乌龟哥哥把空罐头捞到岸边，让弟弟趴在空罐头上面，说："我们的旅行要开始了。你瞧，你不是废物，它也不是废物。"

草地上的空罐头

两个王子和一千头大象

大王子和小王子目瞪口呆。但他们想：既然开了战，好歹总要打一阵吧。于是举着那又长又重的兵器交锋起来。

就这样，上面打仗，下面联欢。

电子琴密码

李虎仔细一瞧，发现电子琴后面的"收报开关"打开着。噢！他醒悟过来：这是那位没见过面的朋友正向他发报呢。

总序

　　北京书香文雅图书文化有限公司的李继勇先生与我联系，说他们策划了一套《爱阅读·课本里的作家》丛书，读者对象主要是中小学生，可以作为学生的课外阅读用书，希望我写篇序。作为一名语文教育工作者，在中共中央办公厅、国务院办公厅印发《关于进一步减轻义务教育阶段学生作业负担和校外培训负担的意见》（以下简称"双减"）的大背景下，为学生推荐这套优秀课外读物责无旁贷，也更有意义。

一、"双减"以后怎么办？

　　"双减"政策对义务教育阶段学生的作业和校外培训作出严格规定。我认为这是一件好事。曾经我们的中小学生作业负担重，不少学生不是在各种各样的培训班里，就是在去培训班的路上。学生"学"无宁日，备尝艰辛；家长们焦虑不安，苦不堪言。校外培训机构为了增强吸引力，到处挖掘优秀教师资源，有些老师受利益驱使，不能安心从教。他们的行为破坏了教育生态，违背了教育规律，严重影响了我国教育改革发展。教育是什么？教育是唤醒，是点燃，是激发。而校外培训的噱头仅仅是提高考试成绩，让学生在中高考中占得先机。他们的广告词是"提高一分，干掉千人"，大肆渲染"分数为王"，在这种压力之下，学生面对的是"分萧萧兮题海寒"，不得不深陷题海，机械刷题。假如只有一部分学生上培训班，提高的可能是分数。但是，如果大多数学生或者所有学生都去上培训班，那提高的就不是分数，而只是分数线。教育的根本任务是立德树人，培养德智体美劳全面发展的社会主义建设者和接班人，而不是培养只会考试的"机器"，更不能被资本所"绑架"。所以中央才"出重拳""放实招"，目的就是要减轻学生过重的课业负担，减轻家长过重的经济和精神负担。

　　"双减"政策出台后，学生们一片欢呼，再也不用在各种培训班之间来回奔波了，但家长产生了新的焦虑：孩子的学习成绩怎么办？而对学校老师来说，这是一个新挑战、新任务，当然也是新机遇。学生在校时间增加，要求老师提升教学水平，科学合理布置作业，同时开展课后延伸服务，事实上是老师陪伴学生的时间增加了。这部分在校时间怎么安排？如何让学生利用好课外时间？这一切都考验着老师们的智慧。而开展各种课外活动正好可以解决这个难题。比如：热爱人文的，可以开展阅读写作、演讲辩论，学习传统文化和民风民俗等社团活动；喜爱数理的，可以组织科普科幻、实验研究、统计测量、天文观测等兴趣小组；也可以开展体育比赛、艺术（音乐、美术、书法、戏剧……）体验和劳动教育等实践活动。当然，所有的活动都应以培养学生的兴趣爱好为目的，以自愿参加为前提。学校开展课后服务，可以多方面拓展资源，比如博物馆、图书馆、科技馆、陈列馆、少年宫、青少年活动中心，甚至校外培训机构的优质服务资源，还可组织征文比赛、志愿服务、社会调查等，助力学生全面发展。

二、课外阅读新机遇

近年来，"新课标""新教材""新高考"成为语文教育改革的热词。我曾经看到一个视频，说语文在中高考中的地位提高了，难度也加大了。这种说法有一定道理，但并不准确。说它有一定道理，是因为语文能力主要指一个人的阅读和写作能力，而阅读和写作能力又是一个人综合素养的体现。语文能力强，有助于学习别的学科。比如数学、物理中的应用题，如果阅读能力上不去，读不懂题干，便不能准确把握解题要领，也就没法准确答题；英语中的英译汉、汉译英题更是考查学生的语言表达能力；历史题和政治题往往是给一段材料，让学生去分析、判断，得出结论，并表述自己的观点或看法。从这点来说，语文在中高考中的地位提高有一定道理。说它不准确，有两个方面的理由：一是语文学科本来就重要，不是现在才变得重要，之所以产生这种错觉，是因为在应试教育的背景下，语文的重要性被弱化了；二是语文考试的难度并没有增加，增加的只是阅读思维的宽度和广度，考查的是阅读理解、信息筛选、应用写作、语言表达、批判性思维、辩证思维等关键能力。可以说，真正的素质教育必须重视语文，因为语文是工具，是基础。不少家长和教师认为课外阅读浪费学习时间，这主要是教育观念的问题。他们之所以有这种想法，无非是认为考试才是最终目的，希望孩子可以把更多的时间用在刷题上。他们只看到课标和教材的变化，以为考试还是过去那一套，其实，考试评价已发生了深刻变革。目前，考试评价改革与新课标、新教材改革是同向同行的，都是围绕立德树人这一教育的根本任务。中共中央、国务院印发的《深化新时代教育评价改革总体方案》明确指出："稳步推进中高考改革，构建引导学生德智体美劳全面发展的考试内容体系，改变相对固化的试题形式，增强试题开放性，减少死记硬背和'机械刷题'现象。"显然就是要用中高考"指挥棒"引领素质教育。新高考招生录取强调"两依据，一参考"，即以高考成绩和高中学业水平考试成绩为依据，以综合素质评价为参考。这也就是说，高考成绩不再是高校选拔新生的唯一标准，不只看谁考的分数高，而是看谁更有发展潜力、更有创造性，综合素质更高，从而实现由"招分"向"招人"的转变。而这绝不是仅凭一张高考试卷能够区分出来的，"机械刷题"无助于全面发展，必须在课内学习的基础上，辅之以内容广泛的课外阅读，才能全面提高综合素养。

三、"爱阅读"助力成长

这套《爱阅读·课本里的作家》丛书是为中小学生量身打造的，符合《义务教育语文课程标准》倡导的"好读书、读好书、读整本的书"的课改理念，可以作为学生课内学习的有益补充。我一向认为，要学好语文，一要读好三本书，二要写好两篇文，三要养成四个好习惯。三本书指"有字之书""无字之书""心灵之书"，两篇文指"规矩文"和"放胆文"，四个好习惯指享受阅读的习惯、善于思考的习惯、乐于表达的习惯和自主学习的习惯。古人说"读万卷书，行万里路"，实际上就是要处理好读书与实践的关系。对于中小学生来说，读书首先是读好"有字之书"。"有字之书"，有课本，有课外自读课本，还有"爱阅读"这样的课外读物。读书时我们不能眉毛胡子一把抓，要区分不同的书，采取不同的读法。一般说来，读法有精读，有略读。精读需要字斟句酌，需要咬文嚼字，但费时费力。当然也不是所有的书都需要精读，可以根据自己的需要决定精读还是略读。新课标提倡中小学生进行整本书阅读，但是学生往往不能耐着性子读完一整本书。新课标提倡的整本书阅读，主要是针对过去的单篇教学来说的，并不是说每本书都要从头读到尾。教材设计的练习项目也是有弹性的、可选择的，不可能有统一的阅读计划。我的建议是，整本书阅读应把精读、略读与浏览结合起来，精读重在示范，略读重在博览，浏览略观大意即可，三者相辅相成，不宜偏于一隅。不仅如此，学生还可以把阅读与写作、读书与实践、课内与课外结合起来。整本书阅读重在掌握阅读方法，拓展阅读视野，培养读书兴趣，养成阅读习惯。

再说写好两篇文。学生读得多了，素养提高了，自然有话想说，有自己的观点和看法要发表。发表的形式可以是口头的，也可以是书面的，书面表达就是写作。写好两篇文，一篇规矩文，一篇放胆文。规矩文重打基础，放胆文更见才气。规矩文要求练好写作基本功，包括审题、立意、选材、构思等，同时还要掌握记叙文、议论文、说明文、应用文的基本要领和写作规范。规矩文的写作要在教师的指导下进行。放胆文则鼓励学生放飞自我、大胆想象，各呈创意、各展所长，尤其是展现自己的写作能力、语言表达能力、批判性思维能力和辩证思维能力。放胆文的写作可以多种多样，除了大作文，也可以写小作文。有兴趣的学生还可以进行文学创作，写诗歌、小说、散文、剧本等。

学习语文还要养成四个好习惯。第一，享受阅读的习惯。爱阅读非常重要，每个同学都应该有自己的个性化书单。有的同学喜欢网络小说也没有关系，但需要防止沉迷其中，钻进"死胡同"。这套《爱阅读·课本里的作家》丛书，给中小学生课外阅读提供了大量古今中外的名家名作。第二，善于思考的习惯。在这个大众创业、万众创新的时代，创新人才的标准，已不再是把已有的知识烂熟于心，而是能够独立思考，敢于质疑，能够自己去发现问题、提出问题和解决问题，需要具有探究质疑能力、独立思考能力、批判性思维和辩证思维能力。第三，乐于表达的习惯。表达的乐趣在于说或写的过程，这个过程比说得好、写得完美更重要。写作形式可以不拘一格，比如作文、日记、笔记、随笔、漫画等。第四，自主学习的习惯。我的地盘我做主，我的语文我做主。不是为老师学，也不是为父母长辈学，而是为自己的精神成长学，为自己的未来学。

愿广大中小学生能借助这套《爱阅读·课本里的作家》丛书，真正爱上阅读，插上想象的翅膀，飞向未来的广阔天地！

石之川

目录

我爱读课文

原文赏读

▶名著导读课堂
▶作家故事影像
▶阅读技巧点拨
▶漫游世界名著

扫码获取

慢性子裁缝和急性子顾客

体裁： 童话

作者： 周锐

创作时间： 当代

作品出处： 部编版语文三年级（下册）

内容简介： 本文讲述了急性子顾客在冬天要求慢性子裁缝做一件棉袄，但因等不及而多次更改要求，而慢性子裁缝还未开始裁料的有趣故事。从故事中我们能得到做事情不能太着急、要保持合理进度的道理。

////////////////// 读前导航 //////////////////

阅读准备

　　周锐的童话作品以其优美的文字和清新自然的语言深受小读者的喜爱。这些作品不仅包括了温馨感人的故事，让人回味无穷，而且还融合了真实生动的生活场景与曲折新奇的情节，比较符合小学生的认知水平和心理需求，因此非常适合他们阅读。此外，周锐的童话还蕴含着含蓄深刻的哲理，以及机智诙谐的幽默元素，这使得他的作品在内容上更为丰富，更具深度。这样的作品不仅适合小学生细细品读，也适合家长和孩子一起分享，共同享受其中的乐趣与获得深刻的启示。

目标我知道

学习目标	会写"性、卷、货"等生字 会认"缝、箱"等生字 读准多音字"卷"
学习重点	能够完整地复述这个故事 能够掌握故事中出现的生字用法
学习难点	掌握故事中出现的生字用法

////////// 精彩赏读 //////////

课本原文

慢性子裁缝和急性子顾客

① 故事发生在冬天。裁缝店里走进一位顾客。

② 顾客把一卷布料放到桌上，对裁缝说："我想做件棉袄。我已经跑了三家裁缝店了。

【裁缝】以做衣服为职业的人。

[1]"等不及""性子最急"直接写出了顾客"性急"的特点，为下文埋下了伏笔。

第一家说要到秋天才能做好。第二家问我有没有等到夏天的耐心。第三位师傅倒是强些，但他最早也要到开春才能交货。我可等不及，都没让他们做。告诉您，我和别的顾客不一样，我是个性子最急的顾客。[1]请问师傅，您准备让我什么时候来取衣服——秋天？夏天？春天？……"

③"不，"裁缝说，"就在冬天。"

④裁缝又补充一句："不过，我指的是明年冬天。"

⑤顾客噌的一下子跳起来："这么慢啊！"

⑥裁缝说："我和别的裁缝不一样，我是个性子最慢的裁缝啊。"

⑦"那就算啦，我还是去找刚才的师傅吧。"顾客夹起布料就要走。

⑧"别走，"裁缝把顾客叫住，"我知道您是个急性子。依我看，我做的活儿最适合您这种性子的顾客啦。"

[2]"纳闷"写出了顾客的疑惑，为下文裁缝给出的解释做铺垫。

⑨急性子顾客挺纳闷[2]："为什么？"

⑩"照您的性子，您肯定会一拿到衣服就穿在身上，不是吗？"裁缝说。

⑪顾客说："那当然。我可不愿意把新衣服藏在箱子里。"

⑫ 裁缝说："那么，您要是在别的季节拿到新棉袄，也不得不由着性子穿上。可是您无论在秋天、夏天还是春天穿一件棉袄，人家都会笑话您的。我呢，决不会让人笑话您。非但如此，在您穿上我做的美观大方的新棉袄的时候，大家还会围着您直夸奖，甚至羡慕您呢。"

⑬ 这位顾客歪着头想了想，不得不承认裁缝说得有道理。于是，做衣服的事儿就算说定了。

第一部分（①—⑬段）：写慢性子裁缝说服急性子顾客在他那儿做衣服的过程。

⑭ 不料，这位顾客第二天又跑到裁缝店来，说："我不做棉袄了！"

⑮ "等到明年冬天，时间实在太长啦。"顾客提出，"把我那棉袄里的棉花拽掉，改成夹袄，让我提前在秋天就能穿上合时的新衣服吧。"

⑯ "不要棉花了，行啊。"裁缝答应了，"为您服务，没说的！"

⑰ 顾客满意地走了。可是第三天他又来了。

⑱ "师傅，把我那夹袄的袖子剪去一截儿，改成夏天能穿的短袖衬衫吧，我实在等不

【衬衫】穿在里面的西式单上衣，也可以单穿。

及了。"

⑲裁缝点点头："剪袖子，只要咔嚓咔嚓两剪子，好办得很，没问题。"

⑳又过了一天，那顾客再来的时候，裁缝笑着问他："怎么，您那件短袖衬衫还能改成什么？"

㉑顾客说："对不起，麻烦您再给我改成春装吧。袖子嘛，把上次剪下来的再接上去就是啦。"

㉒裁缝这回摇头了："接上去的袖子多难看啊。"

㉓"那您别管，只要能让我早些在春天穿上。您别忘了，我可是个急性子顾客啊。"

㉔裁缝说："亲爱的顾客，我要对您负责。我不会让您穿上这样难看的衣裳，这也坏了我的名声啊。"

【负责】
担负责任。

㉕顾客泄气了。但裁缝又拍拍他的肩，说："您放心，凭我的手艺，不用接袖子也能给您做出一件最漂亮的春装。"

㉖顾客感动极了："那太谢谢啦。您真的不用接袖子？"

㉗"根本不用。"裁缝解释说，"因为您的布在我的柜子里搁着，我还没开始裁料呢。"

㉘ 顾客惊讶、恼怒[1]地瞪大了眼睛!

㉙ "您可别忘了，"裁缝提醒他说，"我是个慢性子裁缝啊。"

第二部分（⑭—㉙段）：写了顾客想把棉袄改成夹袄，后来想改成短袖衬衫，再后来想改成春装，最后裁缝告诉他还没开始裁料。

[1]"惊讶""恼怒"写出顾客得知裁缝还没开始裁料时的内心感受。

作品赏析

这篇课文用幽默的语言讲述了一位急性子顾客与慢性子裁缝在制衣的过程中，因性格的差异顾客多次提出更改要求而裁缝始终未开始制作的故事。这个故事告诉我们做事情不能太着急。

//////////////////////// 积累与表达 ////////////////////////

字词我来记

会写的字

xìng 性	部首	笔画	结构	造字	组词
	忄	8	左右	形声	性格 天性
	辨字	姓（姓名 姓氏）			
	字义	1.性格。2.性别。			
	造句	他是一个性格内向的人。			

juǎn	部首	笔画	结构	造字	组词
卷	已	8	上下	形声	卷尺 卷曲
	辨字	券（代金券 证券）			
字义	1. 把东西弯转裹成圆筒形。2. 用于成卷的东西。				
造句	他把竹帘子卷了起来。				

huò	部首	笔画	结构	造字	组词
货	贝	8	上下	形声	货物 货币
	辨字	贷（贷款 信贷）			
字义	1. 货物；商品。2. 货币；钱。				
造句	这批货物的质量很好。				

suàn	部首	笔画	结构	造字	组词
算	⺮	14	上下	会意	计算 口算
	辨字	纂（编纂 纂修）			
字义	1. 计算数目。2. 作罢；为止。				
造句	这道计算题还挺难的。				

jiā	部首	笔画	结构	造字	组词
夹	大	6	镶嵌	会意	夹子 书夹
	辨字	侠（大侠 侠士）			
字义	1. 从两个相对的方面加压力，使物体固定不动。2. 夹子。				
造句	这些纸可以用夹子固定在一起。				

kuā	部首	笔画	结构	造字	组词
夸	大	6	上下	形声	夸大 夸奖
	辨字	考（考试 考查）			
字义	1. 夸大。2. 夸奖。				
造句	她刚才得到了老师的夸奖。				

wù	部首	笔画	结构	造字	组词
务	力	5	上下	形声	任务 公务
	辨字	各（各位 各自）			
字义	1.从事；致力。2.事情。				
造句	他们可以完成这些任务。				

chèn	部首	笔画	结构	造字	组词
衬	衤	8	左右	形声	衬衫 衬托
	辨字	付（付出 交付）			
字义	1.在里面或下面托上一层。2.衬在里面的。				
造句	这件衬衫真好看。				

shān	部首	笔画	结构	造字	组词
衫	衤	8	左右	形声	衬衫 长衫
	辨字	杉（杉树 紫杉）			
字义	1.单上衣。2.泛指衣服。				
造句	她新买了一件长衫。				

fù	部首	笔画	结构	造字	组词
负	贝	6	上下	会意	担负 负重
	辨字	贞（贞洁 忠贞）			
字义	1.背。2.担负。				
造句	他是一个对工作负责的人。				

zé	部首	笔画	结构	造字	组词
责	贝	8	上下	形声	负责 责任
	辨字	债（债务 追债）			
字义	1.责任。2.责备。				
造句	我要做一个对家庭有责任心的人。				

yì	部首	笔画	结构	造字	组词
艺	艹	4	上下	会意	艺术 园艺
	辨字	忆（回忆 记忆）			
字义	1. 技能；技术。2. 艺术。				
造句	他是一个喜欢艺术的人。				

会认的字

féng	组词
缝	裁缝 缝补

xiāng	组词
箱	箱子 纸箱

wāi	组词
歪	歪道 走歪

chéng	组词
承	承受 承担

xiù	组词
袖	袖子 衣袖

xiè	组词
泄	泄气 发泄

多音字

着 ┌ zhuó（穿着）
　　└ zháo（着迷）

辨析： 读 zhuó 时，（1）表示穿（衣）。如：衣着。（2）接触，挨上。如：附着。（3）使接触别的事物，使附着在别的物体上。如：着笔。读 zháo 时，（1）感受，受到。如：着凉。（2）燃烧，也指灯发光（跟"灭"相对）。如：着火。

近义词

夸奖—夸赞　　　承认—认可　　　泄气—灰心

手艺—技能

1. 第三位师傅倒是强些，但他最早也要到开春才能交货。

2. 这位顾客歪着头想了想，不得不承认裁缝说得有道理。

3. 裁缝点点头："剪袖子，只要咔嚓咔嚓两剪子，好办得很，没问题。"

读 后 感 想

《慢性子裁缝和急性子顾客》读后感

在今天的课堂上，我学习了课文《慢性子裁缝和急性子顾客》。

这个故事讲述了一个急性子顾客想要做一件棉袄，他找了几个裁缝，但都不满意，后来找到了一个慢性子裁缝。这位慢性子裁缝凭借其独特的耐心和说服力，成功让急性子顾客把棉袄交给他做。然而，在等待的过程中，急性子顾客变得越来越不耐烦，先让慢性子裁缝把棉袄改成夹袄，慢性子裁缝答应了；过了一天，急性子顾客又想改成短袖衬衫，慢性子裁缝也同意了他的要求；最后，急性子顾客又打算改成春装，结果慢性子裁缝告诉急性子顾客还没开始裁料。

通过阅读这个故事，我明白了一个重要的道理：做任何事情都不能太过着急，因为越着急，就越容易出问题。我们在平日的生活中需要保持合理的速度去做事情，要用一颗平常心去看待周围的事物，不能操之过急，这样才能得到我们想要的结果。

精彩语句

通过阅读这个故事，我明白了一个重要的道理：做任何事情都不能太过着急，因为越着急，就越容易出问题。我们在平日的生活中需要保持合理的速度去做事情，要用一颗平常心去看待周围的事物，不能操之过急，这样才能得到我们想要的结果。

悟出的道理反映出作者对课文的认知，明白了做事不能太着急的道理。

妙笔生花

如果裁缝和顾客都是慢性子，会发生怎样的故事？发挥一下你的想象力，写一写。

_____

_____

_____

_____

_____

_____

_____

/////////////////////// 知识乐园 ///////////////////////

一、给加点字选择正确的读音并打"√"。

夸奖（kuā kuà）　　　　羡慕（xiàn xiān）

箱子（xiāng xiàng）　　　衬衫（chèn chén）

二、填写合适的近义词。

时候—（　　　）　　美观—（　　　）

满意—（　　　）　　恼怒—（　　　）

提醒—（　　　）　　惊讶—（　　　）

三、选择恰当的关联词填空。

因为……所以……　　　　无论……还是……

如果……就……

1.可是您（　　）在秋天、夏天（　　）春天穿一件棉袄，人家都会笑话您的。

2.（　　）他没戴眼镜，（　　）他看不清前面的路。

3.（　　）一个学生不好好学习，每天都不认真听老师讲课，不愿意做作业，只喜欢玩手机，那么他（　　）取得不了优秀的成绩。

四、回答问题。

1.急性子顾客是怎么被慢性子裁缝说服让其做棉袄的？

_____

_____

2.急性子顾客为什么惊讶、恼怒地瞪大了眼睛？

_____

_____

3.为什么急性子顾客想把棉袄换成夹袄？

_____

_____

4.为什么慢性子裁缝不用接袖子也能做春装？

_____

_____

作家经典作品

自主阅读

快乐诗人

他把自己叫作"快乐诗人"，一是因为他会写诗，二是因为他总是很快乐。

他总是很快乐，是因为他总是能写出诗来。他总是能写出诗来，是因为他总是有着快乐的心情。于是他的诗像热天的汗一样"唰唰"地往外冒。

他看见红红的太阳，诗就来了："太阳啊，我能不能拍拍你，让你为我蹦几下？"

他看见烧饼，也有诗："烧饼啊，你没有芝麻的话，不会这样香吧？"

············

他的诗从没发表过，他也从没想过要去发表。他的家人有一次听说可以用诗换钱，就用板车拉了他的一部分诗作，去给一位专门拿钱换诗的杂志主编看。主编翻了翻，说："拉回去吧。不是不好，他的诗像叮当响的一串钥匙，打开门，只能他自己进去。"主编说对了，他写诗只为自己快乐，根本没想过要给别人看（尽管给别人看可以换钱，再用钱换快乐，但那样换来换去多麻烦）。

有时候他也会想：要是有一天，突然写不出诗来了，怎么办？但他总是不让自己往下想，怕这种想法会使自己不快乐。所以他还能继续快乐下去，继续写快乐的诗。

他每天至少写三首诗——早饭前一首，午饭前一首，晚饭前一首。

一天，早上起来，他觉得有点儿不对劲。红红的太阳不见了，灰蒙蒙的，全是雾。他有点快乐不起来了。没有快乐的心情，写诗也就困难一些了。雾气跟他的眼镜捣蛋，他得不停地擦镜片。早饭前的这首诗看来完不成了。

于是他立刻取消了早饭，把午饭改成了早饭，说："早饭前一定要有诗。"

他提醒自己：要快乐一点，快乐一点，快乐一点……

他警告自己：再不快乐起来，就要把晚饭也改成早饭，今天就要少吃两顿饭了。

可是快乐这东西是警告不出来的。

一直到晚上，都毫无起色。他越来越着急。

放点音乐试试？他叫家人去找快乐的音乐。他请家人体谅，他急着要写诗，今天一首诗还没写出来呢。快去找！

音乐找来了。开始放音乐。怎么搞的？是一段忧伤得让人透不过气来的曲子。

他是肯定快乐不起来了！

但他忽然想：有不快乐的音乐，也就应该有不快乐的诗……"我可以写诗了。没法写快乐的诗，我可以写不快乐的诗——不快乐的诗也是诗呀。"

他一遍又一遍地放着那段不快乐的音乐，想着不见了的太阳、眼镜上的雾气、被改成早饭的午饭和晚饭……

他一口气写出了二十九首不快乐的诗和一首快乐的诗——他可从没一天写出过三十首诗。为了这，他又快乐起来了。

▶名著导读课堂
▶作家故事影像
▶阅读技巧点拨
▶漫游世界名著
扫码获取

生日点播

自从我们电台开办了"生日点播"节目以来，邮局每天增派一辆卡车来为我们运送点播信。我们高高兴兴地忙碌着，拆信把手都拆疼了，后来甚至改用牙齿来帮忙。

我看到这样一封信。

管"生日点播"的好朋友们：

我和我的孪生妹妹、孪生弟弟今年同时考上了大学，真高兴！这时候我想到了父母的养育之恩（平时实在没工夫想）。九月十八日是我爸爸的生日，我想为他点播一首歌——《迪斯科舞星》。

谢谢！

黑龙江舞蹈学院迪斯科系新生

万年青

太让人惊叹了，三胞胎同时考上了大学，多不容易呀！我把这封信给编辑智慧和播音员甜甜传阅了一下，大家没有其他意见。今天是八月十八日，一个月后的今天，我们将确保万年青的爸爸随着迪斯科的节奏好好地激动一番。

可是，十分钟后，智慧突然大叫："组长！"他把他拆的一封信递给我和甜甜看。

管"生日点播"的好朋友们：

我和我的孪生哥哥、孪生姐姐今年同时考上了大学，真高兴！这时候我想到了父母的养育之恩（平时实在没工夫想）。九月八日是我爸爸的生日，我想为他点播一首曲子——《啤酒桶波尔卡》。

谢谢！

海南岛食品工业大学啤酒系新生

万年红

"看来这是三胞胎中的老三。"智慧判断道。

甜甜说："人们说孪生兄弟姐妹的行为往往相同，瞧这两封信，连用词和语气都几乎一样。"

"不，"我到底比他们细心多了，"关键地方不一样。关于爸爸的生日，万年青说是九月十八日，万年红说是九月八日。既然是三胞胎，他们只能有一个爸爸，而这个爸爸只能有一个生日。因此，我们面临这样一个问题：为这位爸爸播放生日节目时，日期是以老大说的为准呢，还是以老三说的为准？"

听我这么一说，甜甜突然开了窍："对了，不应该还有个老二吗？如果老二也来信，我们可以看看他的点播日期——是九月八日还是九月十八日？这样会有个二比一的结果，少数服从多数，问题就解决啦！"

这的确是个很不错的想法。

"照我的推理，"智慧又开始饶舌，"老二是老大的妹妹，是老三的姐姐，应该是个女孩子。让我们再来猜猜，老大叫万年青，老三叫万年红，那么老二会叫万年什么呢？"

我说："一个'青'，一个'红'，都是颜色，那么老二可能叫'万年黄'。"

智慧不同意："'万年黄'听起来不雅，应该是'万年绿'，绿色有清新感，象征着生命和希望。"

我力争道："黄色象征着成熟……"

"别争啦！"甜甜这时又拆出一封信，她指着信上的署名宣布道："人家叫万——年——香！"

我们如获至宝，赶紧读信。

管"生日点播"的好朋友们：

我和我的孪生哥哥、孪生弟弟今年同时考上了大学，真高兴！这时候我想到了父母的养育之恩（平时实在没工夫想）。八月十九日是我爸爸的生日，我想为他点播一首歌——《吐鲁番的葡萄熟了》。

谢谢！

吐鲁番农学院哈密瓜系新生

万年香

我们一下愣住了，问题变得更复杂了！最后，我们只好决定对三兄妹的要求都给予满足：分别在八月十九日、九月八日、九月十八日为那位幸福的父亲播放音乐来庆祝他的生日。

有一天，我接到一个打给我们节目组的电话。

"您是谁？"我问。

"我是万年青的爸爸，也是万年红的爸爸，还是万年香的爸爸。"

"哦，原来是您！"我表示钦佩，"您同时是三个孩子的爸爸，真不容易啊！"

"我特地向你们表示感谢：一次感谢！两次感谢！三

次感谢！"

"不用谢。对了，我们正想弄清楚——您的生日究竟是哪天？您哪个孩子说得对？"

"呃……"那声音有些吞吞吐吐，"您不会把我说的话广播出去吧？"

我保证："如果您认为有必要，我们会替您和您的孩子保密的。"

"说实话，我的生日是阴历八月初九，他们兄妹三个谁也没说对。"

我吃惊地问："孩子记不住父母的生日，您一定觉得很遗憾吧？"

"不，"对方笑了，"我不怪他们，他们的脑瓜里要记'爱克斯'，要记'古得拜'，要记'秦始皇'和'叶塞尼娅'——这是我随口说的，反正他们的脑子已经装得满满的了，没地方再记我的生日了，但他们能想到为我点播节目，我已经觉得无比快乐了。"

"那么，请您再回答一个问题，"我问，"您孩子为您点播的三个节目中，您最喜欢哪一个？"

"这，说实话，我不大懂什么迪斯科、波尔卡，我喜欢……嘻嘻，我喜欢黄梅戏。"

"会唱吗？"

"能哼上几句呢！树上的鸟儿成双对……"他竟忘乎所以地在电话里唱了起来。

我很感兴趣，想继续听他唱下去。他却突然醒悟道："不不不，您别以为我不满意孩子们点播的节目。我说过了，他们能想到让我听迪斯科，听什么波卡尔，我已经无比快乐了。要知道，他们是当孩子的呀，我们是当父母的呀！"

是呀，当父母的就是这样对待当孩子的呀！

张家老鼠李家猫

张大妈和李大伯是邻居。

张家有一只老鼠，李家也有一只老鼠。但张大妈不愿别人说她家有老鼠，李大伯也不愿别人说他家有老鼠。

卫生检查组来了。

"当当当！"他们先去敲张家的门，"我们来查老鼠！"

张大妈赶紧小声说："老鼠，你快钻过墙洞，到李家去躲一躲吧。"

老鼠就钻过墙洞，跑到李家去了。

张大妈这才放心地把门打开，对检查组说："瞧，我家哪有老鼠？"

检查组在张家没查到老鼠，又去敲李家的门。"当当当！""我们来查老鼠！"

李大伯赶紧小声说："老鼠，快跟着你的邻居，躲到张家去吧。"

结果，检查组在李家也没见到老鼠。张家和李家都被评为"灭鼠模范户"。尽管两家的东西被老鼠糟蹋了许多，但能当上"灭鼠模范"，张大妈和李大伯都很高兴。

过了些日子，李大伯的朋友送来一只花猫。张家老鼠刚巧钻过墙洞要来找李家老鼠玩，一下子就被花猫抓住了。

正在这时，检查组又来查老鼠，他们走进了李家。

李大伯指着花猫抓住的老鼠，赶紧解释说："这老鼠不是我家的，是从张家跑过来的！"

这话被张大妈听见了，她生气地说："你家老鼠不也老上我家来吗？"

"你别乱说！"

"你别赖账！"……

两人吵着嚷着，李家老鼠不知怎么回事，跑出来看热闹，也被花猫抓住了。花猫可不管老鼠是谁家的，啊呜，啊呜，都给咬死了。

兔子的名片

小兔子的爸爸妈妈都有名片，小兔子也给自己做了几张名片。

把名片装在口袋里，小兔子心想：这下再也不怕那些欺负人的家伙了。

正想着，迎面遇见了狐狸。

狐狸拦住小兔子，说："想过去吗？得对我笑三笑，要笑得讨人喜欢些，明白吗？"

要是在过去，小兔子尽管心里只想哭出来，但脸上还是不得不赔上三笑，少一个笑都不敢。

可今天，小兔子不慌不忙。他"唰"地从口袋里掏出一张名片递过去："狐狸先生，请多关照。"

狐狸一看，名片上印着：

狼的朋友——小兔子

狐狸顿时吃了一惊，心里嘀咕着："没想到小兔子竟然成了狼的朋友了。要是欺负了狼的朋友，狼那家伙可不好对付。"

狐狸便对小兔子说："你真会交朋友，值得祝贺哟！我可要走了。"

小兔子拦住狐狸，说："还没笑三笑呢。"

狐狸忙说："不用了，不用了。"

"什么'不用'？"小兔子说，"我叫你对我笑三笑呢，而且要笑得讨人喜欢。"

"行，行！——嘻嘻！嘻嘻！嘻嘻！"

狐狸走了之后，小兔子忍不住大笑起来，根本不止笑三笑。

可这时小兔子看见狼向他走来了。

"啊，小兔子，"狼不满意地说，"按老规矩你该向我鞠三个躬。怎么，难道要我向你鞠躬吗？"

小兔子点点头，把自己的名片递过去。不过这张跟刚才那张有点区别：

老虎的朋友——小兔子

狼当然不敢得罪老虎。为了避免跟老虎结为冤家，狼只得向小兔子鞠躬。

小兔子认真地数着数儿："一个，两个，三个——行啦，走吧！"

小兔子又想大笑一阵，可还没来得及，老虎便走过来了。

小兔子知道老虎要来找麻烦，干脆迎上前去："喂，老虎，给我磕三个头吧！"

老虎一瞪眼："凭什么？！"

"就凭这个！"小兔子又亮出名片，这回是：

大象的朋友——小兔子

老虎因为曾经被大象用鼻子卷起来摔过，很疼，所以除了乖乖给小兔子磕三个头，他想不出更好的办法。

小兔子用三张名片战胜了狐狸、狼和老虎。他心里想：最好不要再让我遇见大象。因为他不知道大象怕谁，没印好第四张名片。

偏偏前方传来了沉重的脚步声：咚！咚！咚！咚！真的是大象来了！

在大象面前，小兔子吓得直发抖，不知道说什么好："对不起，我……我没有名片了……"

"什么名片？"大象歪着头微笑，显得非常和气。

小兔子高兴起来，因为和大象见面不需要使用名片。

白鸽子和红气球

在运动会开幕式上，无数的气球和鸽子被放飞上天空。

一只白鸽子追上了一个红气球，对她说："我们一起飞，好吗？"

红气球满不在乎地晃动了一下。

白鸽子讨了个没趣，但还是跟着红气球默默地飞。

他俩越飞越高，越飞越远。白鸽子终于忍不住了："不行，咱们不能再往上飞了，跟我回家去吧。"

红气球不肯，但白鸽子用嘴衔住了系着红气球的那根绳儿——他实在舍不得和红气球分离。

白鸽子将红气球拖回家，把她拴在了自己的房檐下。

红气球对白鸽子说："我是气球，我要飞！"

白鸽子便每天带着红气球在鸽舍上空一圈圈地盘旋。

"不，我要自由自在地飞！我是气球！"红气球生气极了。

白鸽子很为难地想了一会儿："好吧。"他松开了红气球的绳子，红气球无拘无束地向上飞走了。白鸽子紧紧跟在后面。白鸽子打算让红气球自由自在地飞一会儿后，再把她拖回来。

这时，空中飞过一只灰鸽子，他一下把红气球抢走了。

白鸽子好不容易才从灰鸽子嘴里夺回红气球。他对红气球说："我对你不错吧？如果没有我，你早做了灰鸽子的俘虏了。"

红气球说："都是一回事儿，在你这儿，我也是俘虏。"

白鸽子红着脸叫道："你不能这么说。我是把你当朋友的！"

红气球又扭扭身子，干脆不说话了。

一天，两天，三天过去了，红气球一直闷闷不乐，她渐渐瘦下去，最后瘦得只有一点儿大了。

"我觉得浑身一丝劲儿都没有了，"红气球叹息道，"我只怕没法再飞起来了！"

"不要紧，"白鸽子安慰红气球道，"我认识一只小老鼠，他有一个打气筒，只要你答应做我的朋友，我可以去把打气筒借来……"

红气球只有一口气了，但她还是说："我不要你打气，我不会答应……和你这只不懂什么叫朋友的鸽子……做朋友……"

但白鸽子还是固执地借来了那个小小的打气筒，起劲地替红气球打起气来。

红气球变得胖嘟嘟了，她胸中又充满了向上腾飞的力量。

白鸽子用那根绳子把红气球扎好，他恋恋不舍地最后看了看红气球，松开了绳子。

红气球糊里糊涂地朝天空飞了上去。她飞得很高很高，已经分辨不出鸽舍的位置了，也没见那只白鸽子追上来。于是她明白了，白鸽子再也不会来拖她回去了。

"再见了，"红气球一边朝上飞，一边在心里对白鸽子说，"再见，朋友！"

咸的糖，甜的盐

一

大不留城和小不留城相隔很远，远得它们之间几乎没什么来往。

这一次，大不留城的一位厨师应邀去小不留城参加烹饪技术交流活动，带回来两条不可思议的奇闻：

小不留城的糖是咸的！

小不留城的盐是甜的！

为这事，大不留城的总督专门召见了那位厨师。

大不留城的总督是个生性好奇的人。他觉得，他周围的一切实在太平常、太没劲了。而那遥远的、他从未到过的小不留城，却显得那样神秘、奇妙，对他产生了极大的吸引力。

厨师走进总督官邸，恭敬地脱帽鞠躬。

总督一挥手："你快说说吧。"

"是，总督大人。"只见那厨师指着自己的脸颊对总督笑道，"您先看看我的脸，像什么？"

总督拿起放大镜，把厨师的脸看了又看，说："像一张亮光光的油饼。"

"不，不，"厨师说，"我是让您看我脸上的笑，我的笑像什么？"

"笑？"

"小不留城的同事们都说我的笑可爱极了，像盐一样甜！"

总督惊异地睁大眼睛，因为在大不留城，只有"笑得像糖一样甜"的说法。"那么，"他问厨师，"盐要是甜的，他们烧出来的菜汤也是甜的啰？"

厨师又可爱地笑了："哪里哪里，甜腻腻的菜汤可不好喝。他们烧菜汤时根本不放盐，他们放糖——要知道，他们那儿的糖可是咸的呀！"

总督听呆了。太稀奇啦！他从来没吃过咸的糖、甜的盐。他向厨师表示，很想亲口尝一尝。

厨师把手一摊："这可不好办，我什么都没带回来，因为我觉得那都不是什么了不起的东西——要不这样吧，"厨师想了个主意，"咱们这儿就有盐和糖，只是跟人家的叫法不一样，但甜味和咸味都差不多。您想知道人家的糖，就尝尝咱们的盐，想知道人家的盐，就——"

"住口！"总督大吼一声，他生气了，"什么'差不多'，我才不信呢！你拿不出东西来，就想糊弄我。你别回家了，住到监牢里去不也'差不多'吗？"

厨师吓得直冒汗。忽然，他急中生智，解下身上的围裙。

"大人，"厨师说，"这是我在小不留城表演时用过的围裙，上面沾满了小不留城的各种作料。您可以把它舔一舔——舔到甜味，就是小不留城的盐；舔到咸味，就是小不留城的糖啦。"

总督这才消了气，赶紧抓过那条油汪汪、脏兮兮的围裙，上上下下地乱舔起来。舔了一阵之后，他咂着舌头，细细地回味着说："嗯，这才是真正的糖呢——咸得发苦；这才是真正的盐呢——甜得发酸……"他立刻给厨师下命令："现在，我派你去小不留城，采购糖和盐各一百吨。我要让咱们大不留城的居民们大大地开一开眼界，享一享口福！"

二

一百吨小不留城的糖和一百吨小不留城的盐很快运到了大不留城。

在总督的大力宣传下，居民们排队抢购咸的糖和甜的盐。

然后，大家带着浓厚的兴趣，用糖腌鸭蛋，或是用盐做蜜糕。

接着，药店里的"咳嗽糖浆"换成了"咳嗽盐浆"，舞台上也开始出现这样的台词："哎哟，您笑得像盐一样甜！"

三

其实，从前小不留城的那本大字典上，清清楚楚地注明着：糖是甜的，盐是咸的。

有一次，一位学者要写一篇题目叫《盐为什么叫作盐，糖为什么叫作糖》的论文。他到图书馆去查阅这部全城独一无二的大字典。字典很厚，翻起来很吃力。学者从早晨翻到了中午，总算翻到了关于盐的一页，上面写着："盐：

味咸，烧菜汤可放一点……"下一页便是有关糖的了。学者歇了一口气，觉得肚子饿了，于是他把厚厚的字典当餐桌，掏出奶油面包大口嚼起来。不料奶油粘到书页上，引来两只老鼠，它们见学者正吃得起劲，便把这"香甜可口"的两页撕走了。等到学者发觉时，上面一张残页只剩了"盐"，下面一张残页只剩了"糖"。这可糟透啦！幸好，老鼠把奶油舔干净后，又把那两张对它们没有什么用处的纸送了回来。图书管理员就把撕下的书页重新粘了上去。他粘得很整齐，却前后粘错了，把"味咸"等描述和"糖"字粘在了一起，不用说，盐也就变成甜的了。图书管理员把粘好的大字典又交给学者，学者翻开一看，拍拍秃脑门说："哈哈，惊人的发现！看来我们的常识并不可靠呀。"他把这个发现写进了他的论文，立刻轰动了全城。从此，商店的盐缸里插上了糖牌子，糖瓶上贴上了盐标签，整个搞混了。不过，后来大家习惯了，也就不觉得别扭了。

大不留城的总督派人大量采购小不留城的糖和盐，使小不留城这方面的供应困难起来。最后，连小不留城总督的咖啡里也没有甜味了。

"怎么搞的？"小不留城的总督皱着眉头问仆人，"忘了放盐啦？"

仆人连忙解释："市场上买不到盐，不但没盐，糖也卖光了。"

"这可不行。"小不留城的总督立刻召集智囊团开会。

一个有名的聪明人发表意见说:"本城暂时缺糖缺盐,可以到别处买一些来补充。"

"别处?哪儿有?"总督问。

"大不留城。"

大家都不相信:"人家还上咱们这儿来买糖买盐呢!"

聪明人笑道:"人家能买我们的,我们就不能买人家的?"

"人家不要的东西,我们能要吗?"

"为什么不能要?他们的糖,我们可以当盐用;他们的盐,我们可以当糖用。"

经过争论,最后意见统一了。小不留城的总督决定派人去大不留城,采购大不留城的糖和大不留城的盐各两百吨。

四

于是,大不留城的仓库里快要堆不下的本地盐和本地糖,被一车车运往小不留城。而大不留城的总督呢,却还在一个劲儿地派人去小不留城买糖和盐。

那么，不难想到：千里迢迢运回来的正是刚被千里迢迢运出去的东西。大不留城的总督出了高价，使运送到小不留城市场上的大不留城的本地货，以新的名目又和大不留城的顾客们见面了。

大不留城的总督照旧为"不可思议的小不留城奇特产物"热情鼓吹着，而且他觉得凭自己积累的品尝经验，可以称得上是这方面的行家了。他总喜欢对准备请他吃饭的朋友们这样说："我现在已经吃不惯我们本地的糖和盐了，所以，你们做菜做点心的时候不要想拿本地货来糊弄我。是不是地道的小不留城的味儿，我用鼻子都能闻得出来！"当然，他每次赴宴归来都是满意地咂着嘴："啧，这才是享受。到底不一样。本地货，哼，吃着简直是受罪。"

五

就这样，有关糖和盐的购买、运输，便在大不留城和小不留城之间没完没了地进行起来。小不留城得不断地用买到的大不留城的货来应付大不留城不断的抢购。而这位大不留城的总督，嘴里吃着本地货，却对小不留城的"奇迹"发着无限的感叹！

六

有一天，那位大不留城的厨师兴高采烈地跑进总督官邸。

"大人，大人！"厨师激动得语无伦次了，"糖到底是甜的！盐到底是咸的！"

"你在胡说什么？"总督的眼珠子都快瞪出来了。这些日子以来，习惯成自然，在总督的脑海里，糖咸盐甜的概念已经根深蒂固了。

厨师说道："我没胡说。小不留城的朋友给我来信，说他们那儿有个喜欢考古的小学生，据他考证，把糖说成咸的、把盐说成甜的完全是因为过去弄错啦！这也就是说，他们的糖和盐跟我们的糖和盐应该是完全一样的。"

"胡说，就是胡说！"总督厌烦别人拿什么小学生、考证之类的话来干扰他的神经。

"好吧，您不相信就是了。"厨师说，"可是您再也别想从小不留城买到咸的糖、甜的盐啦。"厨师说完一笑——他知道，也再没什么人会说他笑得像盐一样甜啦。

可是大不留城的总督一下子呆住了。过了一会儿，他咧开大嘴痛哭起来。他恨那个平白生事的小学生，也恨这个多嘴多舌的厨师。要是没有他们捣乱，他过得多愉快呀！

大不留城的总督突然拿定了主意。他命令厨师："你对我说的话，别再对别人说！"

在大不留城总督的安排下，对小不留城的糖和盐的购买照常进行。只是买回来以后，盐还是插着糖牌子，糖还是贴着盐标签。总督想："让小不留城的人去改正错误好啦，我可不改，因为我没有错。"

现在，只有在大不留城这一个地方才能买到咸的糖、甜的盐了！

▶名著导读课堂
▶作家故事影像
▶阅读技巧点拨
▶漫游世界名著
扫码获取

理发狮和被理发狮

老狮子有九个孩子，他们都已经长大了。

老狮子问孩子们："你们想做什么工作？"

老大说："我想去教学生，当教狮。"

老二说："我想去烧菜，当厨狮。"

老三说："我想去造机器，当工程狮。"

老四说："我要去盖房子，当建筑狮。"

老五愿意替别人治病，想当医狮。

老六很会算账，适合当会计狮。

老七喜欢变戏法，要当个戴高帽的魔术狮。

老八说："狮子们的头发乱蓬蓬的，挺难看，我来当个理发狮吧。"

最小的老九把脑袋抓了又抓，最后说："嗯，我还没想好呢。反正，我要做的工作，是谁都没做过的，又是大家最需要的。"

第二天，教狮教学生去了，厨狮烧菜去了，工程狮造机器去了，建筑狮盖房子去了，医狮治病去了，会计狮算账去了，魔术狮戴上高帽变戏法去了。

理发狮准备好梳子、剪子、推子、镜子，还有一把会转的椅子，等狮子们来找他理发。

狮子城里还从未有过理发狮，所以理发店前一下子来了100只狮子。

理发狮连忙招呼大家："别挤，别挤，排好队，一个一个来。"

可他发现大家不是朝前挤，而是朝后挤。"要是理不好，比不理还难看呢，还是让别人先试试吧。"大家都这样想。

结果谁都不敢第一个坐到那把会转的椅子上。

于是，100只狮子都走掉了，只有一只狮子站在理发店门口，他就是理发狮的弟弟老九。

老九说："我知道我该做什么了。你当理发狮，我就来当被理发狮吧。"

被理发狮的工作就是让人家理发。这也是很不容易的。因为老八从没替别人理过发，所以老九的头被剃得要多难看就有多难看。但老九不怕难看，还是一次又一次地把头发交给老八理，直到老八的手艺练得越来越好……

等到理发店门外真的排起了很长的队，老九就不当被理发狮了。

他还要找个新工作，还像那样既是谁都没干过的，又是大家最需要的。

扣子老三

小女孩的一件红衣服上有四颗红扣子——很漂亮的四颗红扣子。

每颗扣子都给自己起了名字，比方说，扣子老三就是从上往下数的第三颗扣子。不过，有时候扣子老四会觉得委屈："应该从最底下往上数！"这时候扣子老三便成了扣子老二。但习惯从上往下数的人多些，所以我们还是把主人公叫作"扣子老三"吧。

有一天，小女孩穿上这件有着四颗红扣子的红衣服，乘坐公共汽车去看姥姥。车上特别挤，临下车的时候，小女孩的四颗红扣子被挤掉了一颗，也不知怎么挤的，偏偏把扣子老三挤掉了。

小女孩没发觉掉了扣子，她自己下了车，留下扣子老三被乘客们踩来踩去。

又过了好几站，一个小男孩才发现了扣子老三，把它捡起来交给售票员阿姨。售票员阿姨举着扣子大声喊："谁掉扣子了？"乘客们把自己的扣子都数了一遍。谁都没有应声，也就是说，谁都没掉扣子。"没人要吗？"售票员说完，顺手将扣子朝窗外一扔。

我们可怜的扣子老三，就这样身不由己地一飞，"咚"的一声掉进了一个"黑水潭"。旁边传来老大妈的吆喝声："卖五香茶叶蛋！"原来这不是"黑水潭"，而是一锅浸着茶叶蛋的卤水。这卤水里有盐、糖、酱油，还有别的一些作料，浸得扣子老三浑身难受。由于卖茶叶蛋的老大妈舍不得经常换卤水，所以扣子老三在锅底足足浸了两个星期，直到老大妈改行卖烧鸡了，它才同卤水一起被泼到地上。这时您瞧吧，茶叶蛋是什么颜色，我们的扣子老三就是什么颜色了。

借着这一泼之力，扣子老三滚了出去。但滚了没多远，它就被簸席上的一大摊圆溜溜、红彤彤的东西挡住了——晒着的枣儿。又是一位老大妈的声音从屋里传出来："孩子，妈妈正揉面呢，马上给你蒸枣糕吃。"

天哪，如果这位老大妈眼神不太好，扣子老三很可能会被当作枣儿嵌进面团，再去热得发昏的大蒸笼里挨上一阵子。

正在这时，飞来两只鸟儿。它们一个是鸟爸爸，一个是鸟妈妈，它们要为孩子找点吃的。

鸟妈妈很快发现了枣子，说："准备降落！"

鸟爸爸应道："明白！"

鸟妈妈又叮嘱一句："好好瞧着，我怎么做，你就怎么做。"

"明白！"

因为鸟爸爸在干家务方面不怎么在行，所以要听从鸟妈妈的指挥。

鸟妈妈拣了一颗鲜艳饱满的大枣子衔在嘴里。

鸟爸爸拣了一颗更大的——我们的扣子老三。前面说过了，鸟爸爸虽然干家务稀里糊涂，但是挺愿意出力气的。

等到飞回鸟窝后，鸟妈妈立刻就觉察到了鸟爸爸的失误，它扑过来啄了一下硬邦邦的扣子老三，便数落起鸟爸爸："瞧你干的事！瞧你干的事！这能吃吗？这能吃吗？"

鸟妈妈见鸟爸爸一声不吭，又埋怨扣子老三说："你也是的，为什么要冒充枣子，让我们上当呢？"

扣子老三说："我并不想被人当成枣子。也许我已经不像个扣子了，可这不是我的错。"

扣子老三便把自己的不幸遭遇诉说了一遍。

鸟爸爸和鸟妈妈都流下了同情的眼泪（说得更准确一些，鸟爸爸的眼泪在眼眶里转了一会儿，等到鸟妈妈的眼泪也准备好了，这才一起流下来）。

"可怜的扣子！"鸟妈妈说，"我们可以收留你，你愿意给我们的孩子当个玩具吗？"

"穿根线儿，挂在脖子上，怪好看的。"鸟爸爸说。

"不。"扣子老三不同意。

"那么，你还是希望当个扣子？好吧。"鸟妈妈点点头，"不过，只有人类才需要扣子。"

"是的，"鸟爸爸补充说，"需要扣子是因为他们要穿一件又一件的衣服；要穿衣服是因为他们没有羽毛……"

"行了，行了！"鸟妈妈"嗖"地一下飞向空中，并叫鸟爸爸衔起扣子老三跟在后面。

它们来到街市上空，找了一个"目标"。

"瞄准！"鸟妈妈下令。

"唔哎！"鸟爸爸是想说"明白"，却被嘴里的扣子弄得说不清楚。

一个小伙子"咚咚咚"地大步走来，忽然觉得有样东西从后面掉进了衣领，凉冰冰的，顺着脊背滑了下去。他吓了一跳，伸手一掏："哦，是你呀。我的工作裤正好差一个扣子呢。"

瞧小伙子逛大街时一身的整洁打扮，扣子老三怎么也想不到，他的工作裤会脏得这样叫人难以接受。

扣子老三被缝到了工作裤的一根背带上，另一根背带上缝着个黑扣子。它们很快就认识了。

黑扣子说："在这儿可不分什么老三、老四，咱俩平起平坐。我叫阿黑，你就叫阿红吧。"

扣子老三说："叫什么名字没关系。可是这裤子上哪来这么多油呢？真不舒服！"

阿黑说："你怎么啦？当一个扣子就是要同油泥打交道的呀。"

扣子老三说："不，我以前在一件红衣服上当扣子时，那红衣服总是被洗得干干净净的。"

扣子老三很快就明白了，原来小伙子是个机器修理工，所以扣子就得跟着主人整天蹭油挨脏……

"你还想着那件红衣服吗？"黑扣子问新来的伙伴。

是的，扣子老三讨厌当一个脏乎乎的扣子。"我总要回去的。"它说。

好不容易有了机会——这件脏得不能再脏的工作裤，将和其他脏衣服一起，被送进洗衣站。

"我们可以好好洗个澡了。"黑扣子说。

"不，"已经挣扎着快要从工作裤上掉下来的扣子老三说，"亲爱的阿黑，我要和你分别了。"

黑扣子很难过，但它还是这样说："那就祝你快乐。请替我向你的扣子老大、扣子老二和扣子老四问好吧。"

"好的。我会想你的，阿黑。"

扣子老三"噗"的一声从脏衣服堆上跳了下去。虽然它不知道怎样才能回到穿红衣服的小女孩身边，但它知道要干成一件事首先得有决心，它是有这个决心的。

它先是被扫进了一只装垃圾的簸箕里。一只还没吃过点心的猫走了过来，在簸箕里翻了一阵，正要失望地离开，一下子就看到了扣子老三。它把扣子老三抓起来，舔了舔，说："嗯，这个玩意儿可以当作礼物送给朋友。如果朋友收下了，就一定会叫我不要走，让我留下来和它一起吃晚饭。"

扣子老三对猫说："请您把我送回家吧，我离开那件红衣服已经很长时间了。您要是离家很久的话，也会想家吧。"

可是猫说："我没有家，我是只野猫。"猫一心想着它将要得到的那顿晚饭。

当这只猫衔着扣子老三走到一个偏僻的街口时，猛地听到一声怒吼，吓得它倒退了几步。

一条大狗从暗角里冲了出来。这条狗也没有家，是条野狗，但它心肠很好。正因为没有家，没有主人，所以它可以到处管闲事。它很喜欢当一个专门打抱不平的侠客，并给自己起了个诨名，叫"镇三街"，而且它给自己规定：

每天至少行侠仗义一次。

可今天眼看天色渐晚，连一个歹徒都没遇见，它正着急。这时，它发现了这只可疑的猫。

"喂，你干坏事了没有？""镇三街"问道。

猫含着扣子，不好答话，便拼命地摇头。

但从紧闭着的猫嘴里传出了这样的声音："干了，它干坏事了！快救救我！"

"镇三街"便命令猫："张开你的嘴！"

猫嘴一张，扣子老三便掉了出来。

"好汉，听我说，"猫还想花言巧语，"这是一颗迷路的扣子，我正要送它回家。"

狗问扣子老三："你要猫送你回家吗？"

"不，"扣子老三说，"我要你送。"

于是，"镇三街"赶走了猫。

因为穿红衣服的小女孩并不住在"镇三街"管的三条街，所以它费了不小的劲才把扣子老三送到家。

扣子老三终于看到了它一直想念的红衣服。

但是，怎么回事？在扣子老二的下面、扣子老四的上面，原本属于它扣子老三的地方，缝上了一颗新的扣子。这颗新扣子还摆出主人的样子，问它："你从哪儿来呀，朋友？"

老伙伴们好不容易才认出了它："哎呀，老三，你怎么变成这个样子了？"

新扣子听大家这样说，连忙道歉："对不起，不是我存心要占你的位置的……"

面对这一切，扣子老三什么都说不出来。它默默地退到一个屋角里，它得决定该怎么办。

它终于明白：它已经不是从前的它了。虽然时间不久，但它经历过这么多遭遇，已经变得不漂亮了。

虽然自己没有过错，但现在看来，被漂亮的新扣子代替，也是应该的呀。

扣子老三再也不能当一颗扣子了。

它就这样默默地待在屋角里。

与其这样，还不如在工作裤上当一颗扣子呢。它想起了忠厚的阿黑。

与其这样，还不如给小鸟当个玩具呢。它想起了直性子的鸟妈妈和随和的鸟爸爸。

过了些日子，小女孩要做个鸡毛毽子。

她找来了鸡毛和布片，还需要颗大扣子，她在屋角里发现了扣子老三。

扣子老三心甘情愿地让布片把自己包起来。从此以后，它就随着这快乐的毽子，一下高、一下低地跳个不停。

大鼻涕龙和小鼻涕龙

龙的世界里有很多龙。

有一条龙，小时候老是流鼻涕，大家就叫他鼻涕龙。

鼻涕龙长大了，还老是流鼻涕。虽然他可以不流鼻涕，但他想：我的名字就叫鼻涕龙，我怎么能不流鼻涕呢？

后来鼻涕龙有了一个儿子。他挺高兴，他叫儿子"小鼻涕龙"，他自己就成了大鼻涕龙。

不过，让大鼻涕龙纳闷的是，小鼻涕龙别的地方都很像他，就是不喜欢流鼻涕。

大鼻涕龙想：会不会这孩子有什么问题？

大鼻涕龙就带着小鼻涕龙去医生那儿。

医生也是龙。龙医生问大鼻涕龙："你的孩子哪里不舒服？"

大鼻涕龙说："他没有不舒服，就是从来不流鼻涕。"

医生说："受凉或感冒才会流鼻涕。不流鼻涕不算病啊。"

大鼻涕龙只好把小鼻涕龙带回家。

但他仍然在为小鼻涕龙"名不副实"的情况而苦恼着。

走到街上的时候，他会悄悄观察别的小龙。

一看到流着鼻涕的小龙，他就觉得特别亲切。

他忽然想到：会不会这个流鼻涕的小龙才是我的亲生儿子？会不会生孩子的时候抱错了？

大鼻涕龙又去找医生，将自己的猜疑告诉了医生。

医生想了想说："也是有可能的。如果两个龙妈妈同时生孩子，而产房里只有一个接生的龙婆，她手忙脚乱可能会出差错。"

"那，到底出了错还是没出错？现在还能有办法知道吗？"

"有，可以做个鉴定。"

"怎么做？"

医生吩咐大鼻涕龙："提供你和你儿子的鼻涕各一滴，让我来化验。如果验出是阳性，这孩子就是你亲生的；如果是阴性，这孩子就是别人生的了。"

但大鼻涕龙为难道："要我的鼻涕，要多少有多少。可我从来没有看到过我儿子的鼻涕。"

医生找出一小瓶药水递给大鼻涕龙。

他说："这是'两用滴鼻液'。流鼻涕的滴了它就没鼻涕了，没鼻涕的滴了它就流鼻涕了。"

大鼻涕龙拿着"滴鼻液"回了家。

晚上，等小鼻涕龙睡熟了，大鼻涕龙悄悄把药水滴进了儿子的鼻孔。

小鼻涕龙觉得鼻子痒痒的，忍不住打了个喷嚏。

这个喷嚏把滴鼻药水又喷进了大鼻涕龙的鼻孔里。

药起到了效果，大鼻涕龙的鼻涕"嗖"地缩了回去。

但这药水有个副作用，会造成暂时性昏迷。

大鼻涕龙两眼一翻，"咚"的一声倒在地上。

不知过了多长时间，大鼻涕龙听见一声又一声的哭喊："爸爸！爸爸！你怎么了？"

他感到脸上湿湿的，一些液体不停地洒落下来。

大鼻涕龙睁开眼睛，看见他的小鼻涕龙哭得一把眼泪一把鼻涕。

看来小鼻涕龙不是没有鼻涕，而是以前没到流鼻涕的时候。

大鼻涕龙跳起来一把抱住儿子："我的小鼻涕龙！"

机器人喝汤

去过新新餐厅的人，都会赞不绝口地说："有意思！"阿哄没去过，听别人这么说，那就非去一趟不可了。

新新餐厅的服务员和厨师全由机器人担任。阿哄刚进门，机器人服务员便迎了上来："您好，我的顾客，该怎么称呼您？"

"我叫阿哄。怎么称呼你呢？"

"因为我是机器人，您随便称呼吧。"

"随便？"阿哄想了想，"那就叫你'随便'吧。"

"行。阿哄先生，您想吃什么？"

"随便吃点什么吧。"

"您是让我吃吗？"被命名为"随便"的机器人问道。

阿哄这才想到，他已不能随便使用"随便"这个词了。"那，你们这儿有什么好吃的？"

"随便"答道："有很鲜很鲜的茄汁汤。"

"那就来份汤，再来份炸猪排。"

"好的。"

不一会儿，汤就被端了上来。

阿哄问："猪排还没炸好吗？"

"随便"回答："炸好了。但您并没说'来一份汤和一份炸猪排'，您是说'再来份炸猪排'。既然是'再'，那就不能同时端上来，按照程序只好安排在下一次啦。"

没法子，机器人讲究这种"程序"。阿哄真有点哭笑不得，只好先喝汤了。

"随便"在一旁很注意地看着阿哄喝汤，他问阿哄："汤好喝吗？"

阿哄咂了咂嘴："不错。"

"真像我说的那样'很鲜很鲜'吗？"

阿哄奇怪地看了"随便"一眼："你这是什么意思？"

"随便"说："我们只是照输入的资料向顾客介绍，到底什么是'很鲜很鲜'，我们一点儿也没有体会。我很想尝一尝您的汤，行吗？"

阿哄更惊异了："你？一个机器人——？"

"您放心，机器人没有传染病，不会弄脏您的汤的。"

"那……请吧。"阿哄把汤碗推了过去，为了满足机器人的好奇心，也满足自己的好奇心——他还没见过机器人喝汤呢。

"咕嘟咕嘟……""随便"学他的顾客们，把汤往送出话来的洞口里倒下去。

"怎么样？"见"随便"喝过了汤坐在那儿发呆，阿哄便问他。

"不大妙呢，""随便"嘟哝道，"我的内部好像出了什么问题了。"他试着起身一站，动作不大灵活了。

阿哄想起他的一只很好的表，因为进了水，再也走不动了，就说："糟糕，这汤把你'锈'住了！"

"随便"摆摆手说："别慌，您去帮我取一份汤来。"

"还喝汤啊？！"

"那是机油汤。"

"鸡油汤？用鸡的油熬成的汤？"

"不，机油汤，也就是润滑油。到修理部去取。"

"明白啦。"

"快去！"

"是！"

真好玩，现在好像机器人变成了顾客。

阿哄很快把机油汤取来，跑得气喘吁吁的。"随便"喝下机油，又活动了一下手脚，对阿哄说："谢谢。不过十分钟以后我才能恢复正常，可是三分钟之内我必须完成一项任务。"

"什么任务？"

"为顾客取一份炸猪排。"

阿哄笑了，说："就是我的那一份吧？"

"正是。"

"没关系，"阿哄谅解地说，"我就等到十分钟以后吧。"

"不行！"机器人对待工作是毫不含糊的，"猪排得按时取来。您就再帮我跑一趟吧。"

"这……"阿哄见机器人这么认真，只好答应了。

"随便"嘱咐阿哄说："你得装扮成机器人服务员，换上我的制服，不然厨师不会放你进厨房的。"

阿哄化装完毕，朝厨房跑去。厨师也是机器人，他觉得阿哄很可疑，说什么也不让阿哄端猪排。

"随便"开导碰壁而回的阿哄道："你得学着机器人的动作、眼神和声音……"

阿哄把白帽子一甩："那多麻烦，我不去了！"

"既然你不肯帮忙，""随便"立即站起，可刚一迈步就摔倒了，"我，我爬也要爬到厨房，去端，端……"

阿哄被机器人的敬业精神感动了。他立即拜"随便"为师，努力练动作、练眼神、练声音。

终于，阿哄的本事练到家了，他完全可以冒充一个机器人服务员了。可是这时——

十分钟到了，恢复正常的"随便"一跃而起，他不需要阿哄替他端猪排了……

阿哄在别处也吃过炸猪排、喝过茄汁汤，可是在新新餐厅吃的这一次，他无论如何都不会忘记的。

"有意思！"

走出新新餐厅，他也不得不这么说。

▶ 名著导读课堂
▶ 作家故事影像
▶ 阅读技巧点拨
▶ 漫游世界名著
扫码获取

塔塔国的塔

因为第一代国王喜欢塔，所以这个国家被称为"塔塔国"。国王亲自设计，还画了一张很大很大的规划图，图中巨塔林立，各具雄姿，壮观极了。但从那时到现在，一千多年过去了，塔塔国里一座塔也没造起来。

原来，国王规定的造塔方法很特别：塔由全国的老百姓一起来造——谁要是做了件好事，就给塔加上一块砖；谁要是做了件错事，就得从塔底下抽去一块砖。当然，就像搭积木一样，不论塔已经搭得多高，底下要是抽掉一块，都会"哗啦"一声倒塌下来。所以，塔经常是造得没多高就倒了，再造，再倒……有几次眼看就要造到顶了，都是因为有人不小心犯了什么小错误，弄得前功尽弃。从厚厚的《建塔记录册》里可以查到——

59年3月，××厨师把醋误用为酱油，红烧肉酸得不能吃。抽砖一块，塔倒。

376 年 1 月，××青年去图书馆借书，忘记带借书证。抽砖一块，塔倒。

1028 年 4 月，××学生背诵课文，漏掉两个字。抽砖一块，塔倒。

…………

这一次，大家小心翼翼，总算又把塔一层一层地建了起来，只差最后一块砖就可以完工。如今在位的第五十代国王专门出了一张告示：

为有效地保证建塔工程圆满完成，本国王特此宣布：

一、能做好事以促使此塔早日竣工者，将被授予五十斤重的大奖章一枚；

二、凡做错事以致此塔再次倒塌者，立即"请"他进监牢，以"破坏建塔罪"论处。

本国王说到做到！

这一来，老百姓们可紧张了：得不到大奖章没什么，进监牢可不是闹着玩的！可别不小心做错什么事，该做什么都得仔仔细细地先想一想。有个人看完告示后，就这样心惊胆战地想啊想，直到有个小孩拿着一样东西从后面追上他："叔叔，这是您的吧？"

这人一看——小孩拿着个鼻子！他摸摸自己嘴巴上面，平平的，果然是心不在焉，把鼻子搞丢了。塔塔国人的鼻子长得不大牢靠，很容易掉下来。

"太谢谢你了，小朋友！"

"不用谢。"小孩转身就走。

掉鼻子的叔叔刚要把鼻子装回去，猛然想起："喂，小朋友，你做了好事，快去把塔造好，你能得个大奖章呢！"

"真的？"

"真的，告示上说的！"

于是小孩跑到造塔工地，加上了最后一块砖。就这样，塔塔国建国一千多年以来的第一座塔，终于竣工了！

对塔塔国来说，这可是件了不起的大喜事。一套漂亮的纪念邮票立刻被设计出来。百分之八十的商品都改用了"塔牌"商标。国王高兴极了，决定当天就举行授奖典礼。

殿前广场挤满了人。记者们爬到高处抢镜头。那个拾到鼻子的小孩站在授奖台上，脖子上挂着国王亲自授予的那枚五十斤重的大奖章，坠得脸通红。

"现在请奖章获得者讲话！"司仪官高声说道。大家热烈鼓掌。

"我……很高兴。"小孩从来没见过这样大的场面，结结巴巴不知说什么才好，"我……看到有个人掉了鼻子，我想，一个人没有鼻子该多不方便啊，我就追了上去。我跑得那个快呀，半道上把一个小姑娘的耳朵也碰下来了——当然，我停下来替她把耳朵装好，再继续追……"

"等等！"坐在授奖台上的一位白胡子大臣猛地站起来，"你说你曾经碰掉过别人的耳朵？"

"是的，"孩子说，"可我马上就帮她……"

白胡子大臣打断了孩子的话，立刻转向国王，"陛下，根据这孩子所犯的错误，我认为他不应该得到奖章。而且，他加到塔上的那一块砖应属无效，该拿下来才是。"

国王抓了抓脑袋，还没来得及开口，另一位黑胡子大臣又跳了出来："陛下，这孩子犯错误在先，按照我国历代遵循的建塔规则，应该在塔底抽砖一块，当然，这必然导致塔体倒塌，所以他实际上已犯了'破坏建塔罪'，故而我认为不但要收回奖章，而且得把他关进监牢里去。"

那孩子一听就哭了，他把大奖章"咣当"一下摔在地上："我不要奖章！我也不到监牢里去！"

国王想了一会儿，最后下命令道："一、不能违反规则，立即在塔底抽掉一块砖，以后重新再建就是了；二、按告示上写的，把这孩子关起来。"

嗡嗡嗡，轰轰轰，台下的老百姓立刻议论起来了：

"好不容易把塔造成了，为这样芝麻绿豆大的小事，又毁掉了！"

"那孩子真可怜，虽说做过一点儿错事，不是马上就改正了吗？"

议论归议论，国王的命令可是毫不含糊的。正说着，就见出来两个兵，一个去塔底下抽砖头，另一个抓住那孩子，要送他到监牢里去。

就在这时，广场上吹来了一阵冷风，吹得大家都打了个寒噤。去抽砖头的兵停止了脚步，张大了嘴："阿、阿、阿——阿嚏！"

紧接着，抓住孩子的那个兵也来了个"阿——阿——阿——阿嚏"。

这下热闹了，国王、王后、公主、大臣们，还有台下的百姓们，以及爬到高处的记者们，都不由自主、接二连三地打起喷嚏来！

国王好不容易忍住打喷嚏，定神一想：这是冷空气突然到来的缘故。塔塔国的气候从来都是变化无常的，一会儿来冷空气，一会儿来热空气，大家都根据每天的天气预报随身背着小包袱，里面装着需要更换的皮袄、短裤或者裙子等。可今天——国王突然想起，今天没有天气预报，以至于大家都没有准备。他生气极了，立刻从人群中找出气象台台长，要他解释：为什么没有发出气象预报？

气象台台长哆哆嗦嗦地说："报告陛下，是这样的：早晨大家看了告示，都害怕极了。您知道，干我们这一行，有时难免会有小小的误差。我手下的人谁都不想犯'破坏建塔罪'，所以谁也不愿发布天气预报啦。他们情愿被开除，也不想进监牢。陛下，他们主要是怕呀！"

国王哼了一声："那你呢？"

"我……"气象台台长老老实实地回答，"我也怕……"

这时，医院院长也忍不住在台下插嘴道："医生们也怕！都不敢动手术、开方子了！"

"司机也怕……"

"工人也怕……"

广场上顿时像炸开了锅。

这下轮到国王害怕了——大家都不敢工作了，那还不乱成一团？他上哪儿去看病？他也不能自己开汽车呀……总之，将要发生的一切是不可想象的。

"那……你们说怎么办呢？"国王哭丧着脸问大家。

"做了点错事，只要立刻改就行了，别动不动把人关起来！"

"造塔的老规矩也该变一变，以前为那些鸡毛蒜皮的事耽误了多少工夫……"

国王眨巴眨巴眼睛，只好去同大臣们商量。商量过后，他又下了两道命令：一、把贴的告示撕下来，不作数了；二、以后做错一件事，就从塔上拿掉一块砖，用不着像以前那样，一下子抽得稀里哗啦。而且，只要能在一个小时内改正，这件错事可以不算。

不用说，这样一来，塔塔国里很快便造起了一大批塔——一座比一座雄伟，一座比一座壮观！这才是名副其实的"塔塔国"呢！

霉气公司

有一群常常倒霉的人，组织了一个"倒霉者协会"，由一个大家公认倒霉透了的人担任会长。

"会员们，"倒霉会长发表就职演说道，"我们太倒霉了！可是那些幸运者为什么那样幸运呢？不行！我们一定要让他们和我们一样倒霉！"

"对！"会员们异口同声地表示赞同。

会长建议："让我们合伙办个'霉气'公司吧。"

"是卖煤气的公司吗？"

"不，是'霉气'。我们可以把霉气管道悄悄地通到幸运者家里……"

说干就干。全体倒霉会员先用自己呼出的气把庞大的霉气罐灌得满满的。然后，他们选了一位幸运的女歌星作为目标。很快地，神不知鬼不觉地，霉气管道从地底下通到了女歌星家的衣橱后面。

"放气！"倒霉会长下令。女歌星的房间里立刻充满了一种说不清的怪味儿。

当天晚上，女歌星的嗓音变得有点沙哑了，观众的掌声也因此减少了一大半。

倒霉会长哈哈笑道："好哇，加大供气量！"

终于，女歌星再也不能唱歌了，她自己都怕听见这种锯树般的声音。

然而，正当倒霉者协会庆祝胜利时，又传来这样的消息：过去的歌星现在成了哑剧演员，她那精湛的演技无比高超，即将应邀出国演出。

"她变得更幸运了！"倒霉会长急红了眼，"不行，不能让她出国！"

于是，更粗的霉气管又通到了哑剧演员的床底下，以致于第二天早晨她竟没法起床，她的两条腿动弹不得了。

女演员在床上度过了三天三夜。第四天，她拿起了笔，决心当一个作家。

她自己虽然没出国，但她写出的动人的作品，被流传到了更广更远的地方。

"停止放气。"倒霉会长终于明白了，"对这种人来说，霉气越多，她就越幸运！"

不好看的书

一个小外星人来到地球，在街上走着。

一个摄影师看见了小外星人，很高兴。因为他想参加奇形怪状摄影大奖赛，找到的人和东西却既不奇也不怪。这下好了！

"喂，小先生，"摄影师向小外星人打招呼，"你能让我拍张照吗？"

小外星人不愿意让别人给他拍照。

"我不会让你白照的。"摄影家掏出一沓钞票，"照好了，这个归你。"

小外星人看到钞票，心动了，他想：这是一本地球人的图画书，一定很有趣的。

他乖乖地让摄影家拍了照，得到了钞票。

钞票上的人头和数字是外星人从没有见过的。他饶有兴趣地看过第一张，又翻到第二张。

怎么回事，第二张的图画跟第一张一模一样？

他又往下翻，都是一样……地球人的"书"真没意思。

小外星人正要扔掉这沓钞票，看见有个大人带着个孩子，孩子一边走一边看图画书。小外星人的眼睛睁大了——那孩子一页一页地翻过去，每一页都不一样！

小外星人说："还是你们的书好看。"

那大人看了看小外星人手里的钞票，说："你的'书'更好看。这种'书'越厚越好看。"

"那，你肯不肯跟我换？"小外星人把厚厚的一沓钞票递了过去。

大人愣了愣，接过钞票，对着太阳仔细照了照。"嗯，是真的。儿子，咱跟他换！"

可孩子抱紧了他心爱的书。

"别傻啦！"大人一把将书夺下，和小外星人换了钞票，拉着孩子就走了。

小外星人站在那里，笑了一下："到底谁傻？"

他马上打开图画书，一张一张地翻看着不重样的图画。

第二只白猫

有一家小小的白猫商店，专卖"白猫牌"洗衣粉。为了吸引顾客，商店经理养了一只漂亮的小白猫，让它整天在柜台上走来走去。如果哪位顾客朝小白猫伸出手，小白猫就得坐下来，乖乖地让顾客摸它那洁白光滑的皮毛。白猫商店的生意很不错，因为很多人都喜欢摸一摸小白猫，而要是摸过了小白猫，他们总不好意思不买一袋洗衣粉回去。

小白猫的日子过得太轻松了，轻松得使它心里发闷。

"我总得有点事情做才好。"它不止一次地这么想。

一天，小白猫正在吃午饭——一根香肠。这香肠真香啊，它闭着眼睛品味。可当它睁开眼睛，却发现剩下的半截香肠被一只老鼠拖跑了。

"别跑了！"小白猫追了上去，"反正你要被我抓住的！"

"别追了！"想不到老鼠这样说，"反正你最终会放了我的。"

小白猫又生气又奇怪："笑话，我们猫就是专抓你这样的坏老鼠的，凭什么我要放了你？"

老鼠说："哈哈，你不知道，听我告诉你。你不是这儿的第一只白猫，我也不是这儿的第一只老鼠。之前的一只老鼠是我的堂兄。有一次，它偷东西时被那第一只白猫看见了。我堂兄拼命地逃，那白猫拼命地追，最后在一个臭烘烘的墙洞里，我堂兄被逮住了。那白猫把我堂兄叼到经理面前，没想到挨了一顿痛骂：'谁要你去抓老鼠的！瞧你浑身上下，蹭得又脏又臭，谁还肯来摸你？我这'白猫牌'的名声都让你给毁啦。走吧，我这儿不能留你了！'那白猫就被赶走了。我那时正巧在这儿做客，亲眼见的，不骗你。所以我想，你这第二只白猫和我这第二只老鼠应该好好合作，千万别再闹误会了，那对谁都没好处，是不是？我已经在我路过的墙根、洞口都抹了黑黑的锅灰，你要不想再被赶走，就别来追我，免得弄脏了自己。"

小白猫听了这话，愣住了。

"再见，朋友，"老鼠说，"你就让愿意摸你的人摸摸你吧，别的事不用管了。"

第二天，老鼠又来了，它从别处偷来半块蛋糕，当着小白猫的面吃得香香的。

　　第三天，老鼠不见了，这第二只白猫也不见了——它终于做了一只猫应该做的事。小白猫不愿被赶走，便拖着已沾上锅灰的身子悄悄地离去了。

未来考古记

这事儿出在一个蜂窝煤上，就是普通煤炉里用的那种圆柱形的、有十二个洞眼的蜂窝煤，又叫煤饼——大家都知道它吧？

"知道，比你知道得早！"大家一定会被我问得不耐烦。

不过，要是过了好几万年，把这样一个东西放在人们面前，那又会怎么样呢？

这正是我要讲述的故事。

这是一个烧过了的、由乌黑变得灰白的蜂窝煤，它在同别的废物一起被抛到郊外的垃圾山上时，"啪啦"一声被摔成了两半。后来又运来新的垃圾，将蜂窝煤埋在了底下。垃圾山越堆越高，蜂窝煤就越埋越深。年代久了，它竟然变成了化石——就像我们现在见到的恐龙化石一样，它成了蜂窝煤化石。

终于有一天，考古队来了，他们用了很先进的发掘技术，挖出了这块化石。

"这是什么？"发现它的队员不认识它，于是去问队长，队长也回答不出。

"去向老人打听一下吧。"考古队长很相信老人的经验，于是去请教一位一百岁的老翁。可这位老翁也回答不上来。

于是又找了一位老奶奶，她活到两百岁了，但还是白跑了一趟。于是又找到三百岁的、四百岁的老人，最后找到个五百岁的老寿星——那时候科学发达，人比现在活得长，但还是不行，世界上早就不用煤炉啦，五百年的经验也不够用呀。

实在没有办法了。考古队长用电脑查遍了能找到的每一部经典、每一本图册，但蜂窝煤不像那些陶器、瓷器、青铜器等，从资料里找不出它的来历。

这件事惊动了最有名的几位专家学者，他们不约而同地被吸引到这块蜂窝煤化石的周围。

他们谁都不轻易发言，先用眼睛看，然后用手摸，甚至用鼻子闻、用舌头舔、用耳朵听。看完了，摸完了，闻完了，舔完了，听完了，然后互相谦让了一番。

"好吧，我就先来抛砖引玉。"第一个发言的是一位生物学家，"根据生物学的研究成果，许多动物会为自己营建巢穴，例如鸟类、蜜蜂。而这块化石的形状类似于蜂窝，所以我认为这也是一种巧妙的动物建筑。"

这位生物学家的判断还算有点沾边，至少他提到了"蜂窝"。

接着发表见解的是历史学家，他说："我的历史学知识告诉我，这不是什么动物建筑，而是古代战车的轮子。"

民俗学家立刻表示怀疑："如果是这样，那辆战车也太小了。从民俗学的角度来看，倒很可能是古代部落佩戴的耳环。"

"这又太大了吧？"大家议论说，"谁的耳朵受得了它？"

但民俗学家红着脸坚持着，说可能那个部落的成员们从小就练这功夫。

数学家又提醒大家把注意力重新集中到化石上："瞧这十二个圆孔！通过这十二个孔的圆心，可以画出纵横相交的四条直线。这就体现出一种周密有序的数学思维。显而易见，这是古代用于数学教学的教具。"

"不不！"食品学家连声反对，"这不是数学教具，而是古人制作糕点用的一种模具。瞧，把糕粉填进这十二个孔里，模具一提，一下子就能做出十二条糕来！"

军事学家冷笑说："这也太大材小用了吧。什么糕啊、饼的，这明明是一种进攻型武器的发射管，一按机关，群弹齐发！"

"别那么火药味十足好不好？"音乐家抗议道，"你竟把乐器当成了武器！听！"他用手指把蜂窝煤化石敲得当当响："多令人心醉的音色！这十二个孔是十二个声韵回荡的共鸣箱，设计得太绝了。它可以穿上绳子挂起来敲，像编钟一样！"

还是文学家风度潇洒，不慌不忙，他的推断也最有人情味。"'破镜重圆'的故事你们听说过吗？失散的亲人，凭着各自保存的半边镜子，最后团聚到一起。依我看，"他指一指化石，"这玩意儿一分两半，对起来而又孔孔相符、严丝合缝，分明也是一种亲人团聚的凭证呢。"

接下来是一位美术家兼哲学家，他一口断定："这是一件富有哲理的出色雕塑。"

"这里面有什么哲理？"大家猜不出。

"真笨！"美术家兼哲学家说，"一分为二——这不是辩证法吗？"

这些人真有学问，可是他们偏偏缺少关于蜂窝煤的学问。然而，在蜂窝煤的问题上，他们都显得比平时更有学问。唉，咱们倒是懂得蜂窝煤的呀，可惜咱们比他们早生了几万年，没法纠正他们了。

▶ 名著导读课堂
▶ 作家故事影像
▶ 阅读技巧点拨
▶ 漫游世界名著
扫码获取

不一样的眼泪

儿童节前，电视台想拍一档《神童绝招》节目。依依的妈妈赶紧带着依依去报名。

报名的孩子真不少，他们一个接一个地表演绝招。有的会背唐诗——正背不稀奇，全是倒着背："苦辛皆粒粒，餐中盘知谁……"有的会迅速地把任意数额的人民币换算成美元，再换算成英镑，再换算成欧元、日元什么的。还有的会气功，光脚踩在两个鸡蛋上，鸡蛋竟然没有被踩碎。

导演问依依："你会什么？"

依依的妈妈连忙介绍说："她会哭。"

依依的妈妈怕导演认为"每个人都会哭的"，就马上从塑料袋里拿出一件湿透了的衣服说："瞧，哭成了这样。"

"没啥了不起，"旁边有位家长说，"我儿子哭湿过一条被子。"

"可是大家请注意，"依依的妈妈说，"一般的湿衣服会被风吹干，被太阳晒干，被炉子烤干。但这件衣服哭湿了已有半年，却怎么也不会干。这说明我们依依哭出了水平，应该上电视的。"

导演有点不相信。他弄来了一台烘干机。

依依妈妈将那件衣服放进了烘干机。

可是，怎么烘也没干，衣服还是湿漉漉的。

导演高兴了，向摄影师一挥手："拍！"

于是，妈妈让依依再大哭一次，但依依哭不出来。妈妈就故意说："不许哭！"依依一发脾气："偏哭！偏哭！"眼泪哗哗往外流，转眼又把身上的衣服哭湿透了。

可是再拍烘衣服的镜头时，怪了，扔进烘干机的湿衣服很快就被烘干了。

"怎么回事？"导演皱起眉头。

依依的妈妈也困惑不解："咦？难道是因为眼泪不一样？"

导演问："上次依依是为什么哭的？"

依依说："是因为我的好朋友莲莲搬家了，我舍不得她走……"

"你一直想你的好朋友吗？"

"是的。"

"啊，怪不得哭湿的衣服老不干。"导演明白了：这是两样的哭，两样的眼泪啊。

睁一只眼，闭一只眼

公主对国王说："我太胖了。我不要这么胖！"

国王就叫大臣们想办法。

大臣甲说："让全国人民都胖起来。大家都胖了，公主就不显得胖了。"

大臣乙说："这样要加倍耗费食物。依我之见，不如从字典里拿掉'胖'这个字，也就没有人再说公主胖了。"

大臣丙说："字典里的'胖'字不必拿掉，只要把解释改一改，改成'胖者，美丽也'，公主也就愿意胖了。"

国王征求了公主的意见后，最终采纳了大臣丁的方案。大臣丁的爸爸是开眼镜店的。大臣丁说："我们可以向我的爸爸定制一种眼镜，这种眼镜能把胖公主看成一点也不胖的公主。我们可以给每个国民一人配一副这样的眼镜。"

从此，无论是谁，无论在什么地方，只要听到公主即将出现的预报，就得赶紧戴上这种"瘦身眼镜"……

公主不再为胖苦恼了。她觉得这办法真不错。以前有人劝她少吃奶油蛋糕，少睡懒觉，多活动，至少每天把她所有的房间都走一遍，但她做不到。现在她不用那样吃苦了。在每个人的眼中，她身上没有多余的肉，他们看到的是公主最理想的身材。

公主有个弟弟，这位王子却又非常瘦弱。

瘦弱的王子同样不愿别人看到他那么瘦。

大臣丁爸爸的生意又来了，国王又向他定制眼镜，但这次的要求反过来了。这次仍然是一人一副。

现在每个人的口袋里都有两副眼镜。

公主来了，大家戴"瘦身眼镜"。

王子来了，大家戴"增肥眼镜"。

要是公主和王子同时出现呢？这就有点麻烦。

大臣丁的聪明爸爸又对眼镜做了改进——在同一副镜架上，左边装上"瘦身镜片"，右边装上"增肥镜片"。要看公主时，睁左眼闭右眼；要看王子时，睁右眼闭左眼。

这样就方便多了。公主和王子在人们眼中就永远保持着不胖不瘦的形象——只要大家别粗心，别睁错眼、闭错眼就行。

最后一个冬天

天气好像从来没有像今天这样冷，而我和妹妹也从没醒得像今天这样早。

我一睁眼，就发现窗外正飘落着雪花，大朵大朵的。

我叫起来："下雪了！"好像第一次看见雪。

其实，这将是我们最后一次看见雪了。昨晚，有个老人在电视里激动地讲话。他是"联合国南北极治理委员会"的成员，他告诉我们：只要度过这最后一个冬天，地球上的居民将永远与严寒告别！根据什么理论，采取什么措施，使用什么设备，花了多少钱……这些我们都没留神去听，也听不大懂，听懂了的、听进心里去的只有一句：这是最后一个冬天了！

我和妹妹很快地起床，然后跑到大街上。

大街上已有很多孩子，也有一些大人，他们都和我们一样没带伞，没披雨衣，甚至没裹围巾，任凭大朵大朵的雪片落进衣领，在脖子上凉丝丝地融化。也许会感冒的，但这是最后一个冬天了呀。已经有一个女孩打喷嚏了，大家都很羡慕她，因为这也许是最后一次因为寒冷而打喷嚏了。

在一个拐弯的坡道上，竖着一块"小心滑倒"的大牌子。昨天之前，那儿是让人绕着走的地段，但今天那儿似乎成了游乐场，大家排着队，挨个从冰冻的坡道上溜下去。

我遇见了一个有名的收藏家。他向我建议：过了这个冬天，可以把伙伴们用不着的各种皮帽、棉鞋、滑雪衫收集起来，包括雪橇、热水袋之类的东西。十年以后，可以开个吸引人的展览会，用这样的专题——"我们远去了的冬天"。

最后，大家经过商量，开始堆雪人，不过不是各堆各的。我们取得了市长的同意，动用了所有的推土机和卡车，把所有的积雪运到市中心广场，我们要堆一个雪巨人，它要比最高的大楼还要高。我们想，雪巨人这么高大，他就不会像小雪人那样很快地化掉了——我们要尽可能长久地留住我们的冬天。

JQKA号轮船

有一家轮船公司在联合国大厦成立了——你不用奇怪，这家公司的合伙人来自世界各地。当然，他们志同道合，他们要亲自驾驶着公司买下的一艘大轮船，展开一次一想起来就叫人激动的环球旅行。

启航前，他们开了一个会，决定人员分工，并给他们的船起个好名字。

在船上的各种职务中，船长是最令人向往的。船朝哪儿开，船长说了算，所以谁都愿意当船长。为了使大家机会均等，心平气和，他们想出了这样的好法子——拿出一副扑克牌，在每张牌面上标出各种职位，比如：方块3，水手长；红桃5，二管轮；梅花9，舵工；黑桃7，厨子……然后洗好牌让大家来抓，谁抓到什么牌就担任什么职务（54张牌54个职位，为此他们没有接纳第55个伙伴）。抓到那张"大王"的人运气最好，因为那意味着他就是船长了。这次当不上船长也不要紧，每过一个月就要重新抓一次牌，也就是说，每个伙伴都有当船长的机会。至于船名，大家认为应该体现他们自己的特色，经过再三推敲，决定采用扑克牌中的四个字母，就叫"JQKA号"吧。

JQKA号的第一任船长是个英国人，他从来没到过日本，所以他下令："目标——神户港，起锚，前进！"

然而从美国到日本的距离实在太遥远了，一个月很快就要过去了，可全部航程只走了一半。第二次抓牌在浩渺无垠的大洋上如期进行。英国人的运气真好，他又抓到了"大王"。毫无疑问，英国人继续担任JQKA号船长。于是，轮船继续向日本驶去。

终于，在第二个月结束前的那天清晨，JQKA号抵达神户港外。船长立即向当地海关发报：JQKA号急需进港，请派领航员来。

他们等了整整一天，深夜才接到回电。海关方面表示十分为难：我们一向是根据外轮的船籍来派遣领航员的，法国籍的船派懂法语的领航员，德国籍的船派懂德语的领航员……还从未接触过像这样的联合国背景的船只，所以正在物色通晓多国语言的全能领航员，请稍等数日……

船长马上吩咐报务员："跟他们说，来个懂英语的就行了！"

谁知报务员笑着对他说："我不再是干这个的了。等一会儿，说不定轮到我命令您发报呢。"英国人这才意识到，零点已过。伙伴们聚拢来了，那副决定命运的扑克牌第三次被取出来了。

抓牌的结果显示，那个报务员果真当上了船长，而原来的船长这次抓了个黑桃2——正是报务员！

新船长心里别提多高兴了。这真是时来运转，运气这东西便是这样突然给人带来快乐。他是日本人，当然不愿在有权驾驭JQKA号的一个月里逗留在熟悉的本土。他魂牵梦萦的地方是非洲，那儿有个国家叫科特迪瓦……

"报务员！"新船长兴奋地嚷道，并把手里的报文记录本和铅笔头塞给英国人，"立即向海关发报：找到那个全能领航员后，请告诉他，我们不需要他的全能了。科特迪瓦在等待着JQKA号！"

"是！"

不过，JQKA号在没到达非洲之前，又把船头转向了大洋洲，因为第三任船长对澳大利亚的袋鼠更感兴趣……

直到现在，JQKA号已经航行了若干年，却仍然这样东游西荡地漂浮在大洋中。

联合国的运输机及时地送来一切必需品，使他们憧憬的旅行得以长久地持续下去。有些改变的是，大家越来越急躁了，于是章程被一次次修改，从一个月抓一次牌改为十天抓一次牌，又改为七天抓一次，然后是三天，最后变成了一天。

　　这样，JQKA号在大洋上的航行范围也越来越小。如果从飞机上用望远镜看去，恐怕会把它当成一座礁石，但它确实在不断行驶着……

肚子里的纪念碑

在这个城市里，人们到年老的时候，都喜欢给自己立纪念碑。

铁匠都会铸一座铁的纪念碑。铜匠的纪念碑是铜的。此外，还有纸的纪念碑——那是作家们造的，他们把自己写的书高高堆成碑的样子，外面包上红红绿绿的玻璃纸，既好看，又防潮。

这儿有三位蛋糕大王：考尔、霍尔和勃尔。他们辛辛苦苦做了一辈子蛋糕，也都到了可以立纪念碑的年纪。当然，他们都希望自己的纪念碑能够超过其他两位。

考尔先动工。他指挥儿孙们运来七吨奶油、九吨白糖、一千袋面粉、五万个鸡蛋。然后他运用毕生经验，亲自配制加工。足足忙了两个星期，这个十米之高的巨型蛋糕——"蛋糕大王考尔纪念碑"，终于庄严地、夺目地、令人垂涎欲滴地矗立在市中心广场上了。

紧接着，"蛋糕大王霍尔纪念碑"落成。这要算是超巨型蛋糕了，它的用料比考尔纪念碑多一倍，所以可以推测：它有二十米高。

第三位蛋糕大王勃尔是个很精明的人，他想压过霍尔，却不打算再增加用料。勃尔纪念碑虽然和考尔纪念碑一样高——也是十米，但他在图案样式、奶油浮雕上下了功夫。据勃尔说，他在碑上雕出了一百种鸟兽和一百种花草的图案。

考尔造好自己的碑后，几乎累垮了，用了一个多月才恢复些气力。这一天他拄着拐杖来到广场上，想看看两位老同行搞出点什么名堂。他来到霍尔的碑前，惊叫了一声；看到勃尔的碑，又长叹一口气："唉！"他想："我的碑既不如霍尔的雄伟，又不如勃尔的华丽，谁还会承认我是蛋糕大王呢？"

考尔还想看看自己的那座碑，但怎么也找不到了。他颤抖着拉住一个行人："我的碑哪儿去啦？！"

行人说："哟，是蛋糕大王呀。你在找你那个大蛋糕吗？别找了，它让大伙儿吃掉了。"

"什么？"考尔震惊得跳了起来，"胡来，胡来！这是纪念碑呀，你们——！"

"起先大家只舔了一下，"行人解释说，"后来就忍不住啃起来，啃了第一口就想啃第二口，谁叫它那么好吃……"

"天哪，"考尔哀叫着，"我辛苦了一世，连一块碑都立不成！"

行人笑起来："傻老头儿！三块碑剩下两块碑，这说明大家只爱吃你的蛋糕，你才是真正的蛋糕大王呀！"

用奖杯吃饭的餐厅

我一跨进这家新开张的"冠军餐厅"，就立刻有个男青年微笑着迎上前来。我猜想他是餐厅的侍者，但他打扮得像个足球场上的巡边员，他用手里的小旗给我指了个方向："请先去更衣。"

尽管我在想：去更衣干什么？我又不是来游泳的。但好奇心还是驱使我进了更衣室。这里挂着各种各样的运动服装：击剑服、滑雪服、体操服、日本柔道服……我原想换上跳伞服，但又嫌累赘，最终穿了一套袖子上有白杠的排球服。

所有坐在餐桌旁的顾客都穿着自己挑选的运动服。

我在靠近柜台处找了个座位，一位裁判模样的女服务员马上跑过来问："您选择哪一项？"

"哪一项？"我不知道怎么说才好，看了看柜台里：面包被做成了拳击手套的形状，蛋糕很像举重用的杠铃，便答道："我选择'举重'和'拳击'，另外我想喝点土豆汤……"

"您指的是'水上芭蕾'吧?"女服务员提醒我。

"噢,对!"这名称美妙极了。

女服务员很快给我端来面包、蛋糕和汤,盛汤用的竟是一只奖杯!

我扭头瞧了瞧别的餐桌,盛汤的杯子全都做成了奖杯模样。

我正惊奇,忽见女服务员掏出了手枪,吓得我一哆嗦。

"别怕,"她解释道,"这是发令枪。"她随即高喊起来:"各就各位,预备——"大家紧张地把嘴凑近奖杯。"啪!"枪响了。

我匆忙地喝汤,嘴唇被烫起了一个泡。

"为什么要搞这一套?"我恼怒地问女服务员。

"您去问经理吧。"她往高处一指。

经理坐在一把大花伞下。他戴着墨镜,身上披一块大毛巾——游泳池救生员的装束。真怪,难道顾客们会掉进汤里,要他来救?

"瞧,我就是要营造这种努力夺标的气氛。"经理对我说,"人们崇拜冠军,并希望自己也能在竞赛中取胜,我这个'冠军餐厅'正是想大家所想。难道您不想当冠军吗?"

"当然想。"

"用明晃晃的奖杯吃饭，这有助于您建立必胜的信心呀。"

我歪着脑袋琢磨了一下：也许真是这样？

此后我几乎天天光顾"冠军餐厅"，直到觉得自己已经积攒了足够的信心，我就去参加了一个全城规模的运动会。我选择了拳击这一项，因为我很熟悉这项运动——我已经吞下了无数只"拳击手套"面包。

在运动场上，我遇到了冠军餐厅的顾客们，我们互相热情而自信地打着招呼。

不幸的是，我被对手击倒了，直到颁奖时还没爬起来。但我还能睁开肿得只剩一条缝的眼睛，打量一下站在领奖台上的冠军们——奇怪，在用奖杯吃饭的餐厅里，从没见过这些人呀？……

肚皮上的塞子

一

一天，阿嗡大夫出诊回来时，大街上正有一场热闹可看。

一辆蓝色小汽车和一辆灰色小汽车"咚"地撞上了。由于双方及时刹车，撞得并不厉害。可是双方司机——我们就叫他们"蓝司机"和"灰司机"吧——都是很容易生气的人，碰到这种不顺心的事，一下子都把肚皮气得鼓鼓的，而且他们都相信：只有好好吵上一架才能解气。

"瞧你这技术，"蓝司机挖苦灰司机说，"大街上可不是学开车的地方！"

灰司机对着蓝司机说道："你要是撞到电线杆上就好了。"

结果是越吵气越大，越气吵得越凶……他俩的肚子也就像气球似的，不断膨胀起来。到后来，围观的行人不由得担心道："再这样下去，肚皮要胀坏啦。"

在这关键时刻，阿嗡大夫急中生智。他从随身携带的药箱里取出最粗的一管针筒，说道："二位，我来帮你们消消气吧。"

蓝司机和灰司机也感到有些危险了，但一见那么长的针头，慌得连连摆手："我们不打针，不打针！"

"不是打针。"阿嗡大夫把长针头扎进蓝司机和灰司机的肚脐眼里，然后一下一下地朝外拉动针筒。不一会儿，两个大肚皮里的气全被抽光了。

蓝司机和灰司机摸一摸瘪下去的肚皮——气真消了呢。在心平气和的情况下，怒容换成笑容，两人互相打起招呼来：

"对不起，老兄，撞伤了吗？我送您去医院查查？"

"哪儿的话，老弟，已经耽误你这么长时间了，真是太抱歉啦！"

两位司机客气来客气去，最后把汽车扔在路边，一起进小店喝咖啡了。

见此情景，阿嗡大夫笑了笑，挎着药箱回家了。

二

只是，从这以后因为气胀了肚皮来找阿嗡大夫抽气的人可就多啦。

人们为了各种各样的原因而生气：

一位老棋迷输给了一个被他认为"根本没入门"的年轻对手，于是气得够呛。

一位作曲家向广播电台点播他自己创作的一首曲子，连点了十次，电台就是不播，这可把他气坏啦。

哈利的爸爸说哈利长得像爸爸，哈利的妈妈说哈利长得像妈妈，两人因此争吵了起来。

佩林先生是自己生自己的气。他买了一个很大的生日蛋糕，准备在过生日那天吃。可是当他想到要吃生日蛋糕时，生日已经过去一个星期了。"我错过了机会，再也没法吃了！"佩林先生生气地说。

整天整天地，阿嗡大夫忙着给人抽气。抽到后来，他不耐烦了："这些人真是的，为一点儿鸡毛蒜皮的小事就要生气。别的病人也需要我，我不能光顾着抽气！"这样想着，阿嗡大夫自己也生起气来。不知不觉间，他的肚子也已胀得老大了。

"这样胀着可真难受！"阿嗡大夫有了亲身体验，"看来我得赶快再想个方便、长久而又立刻见效的方法……"

阿嗡大夫躺到沙发上努力想办法。可恼火的是，今天他的脑袋瓜儿好像不怎么好使，一点灵感也没有。正想得聚精会神呢，他的小孙女进来了，指着爷爷大发脾气："你赔！要你赔！"

"什么呀？"阿嗡大夫莫名其妙。

"小狐狸！"原来，一个吹气玩具被阿嗡大夫无意中坐破了。

阿嗡大夫拿起这只吹气小狐狸仔细看了看，不由得啪地一拍自己的秃头顶："有办法了！"这只小狐狸肚子上有一个塑料塞子，要是人的肚子上也安上这么个玩意儿，就随时都能放气了！

阿嗡大夫立即在自己身上做试验。他先打通肚脐眼，把肚子里的气全排空，然后安上从玩具小狐狸身上拆下来的那个塞子。接着，使劲让自己生气，把肚子气得鼓鼓的。最后，一拽塞子，哧——就像车胎被拔了气门芯，气一下子跑没了。哈哈，成功了！

三

阿嗡大夫的新发明得到了普及。几乎每个人的肚皮上都安上了塞子。你想，谁都免不了有生气的时候，可谁都不愿意生气呀。

这一杰出的发明，给人们的生活带来了大家所希望的那种安宁。

当哈利的爸爸和妈妈又为一点儿小事吵起来时，哈利就赶忙跑过去，一手一个，把他们的塞子都拔出来。消了气的爸爸妈妈自己都感到奇怪："是呀，多累得慌呀，咱们干吗要吵呀？"

那位老是生电台气的作曲家，去请评论家帮忙。评论家只愿意帮一个忙——帮作曲家把塞子拔掉。气一放光，作曲家便冷静地想："也许我还得努力，等到大家听我的曲子不再捂耳朵的时候，让听众们去点播吧……"

自己生自己气的佩林先生，在生气的时候自己拽掉了肚皮上的塞子。这样他立刻就想开了："没关系，我可以新买一个蛋糕分给朋友们吃，只要开心，天天都是生日！"

四

可是，过了一段时间，大家渐渐发现，这种塞子带来的坏处似乎要比好处还要多。

在澡堂里淋浴时，忽然只有凉水没有热水了，大家冻得直起鸡皮疙瘩，于是气鼓鼓地把正在练跳舞的工作人员叫了来，问他怎么回事。工作人员不慌不忙地"噗、噗、噗、噗"把大家的塞子拔下来说："冲凉水澡能锻炼身体，人家还冬泳呢。"大家立刻不好意思起来，一边浑身打着哆嗦，一边感谢工作人员："多……多……亏了……您，使我……我……们得……得到……这么好的……锻……锻炼……机会！"

一个顾客在饭店吃饭，发现他的汤碗里有两只苍蝇。这位顾客气冲冲地去找厨师，厨师拔了顾客的塞子，顺便在顾客的肚皮上留下一个脏手印。"您真是气得莫名其妙！"厨师耸了耸肩，"您和别人出同样的钱，却比别人多吃到一点东西。不信您去看看别人，不是每个人碗里都有苍蝇。"顾客说："我看到坐我对面的那位女士碗里也有一只苍蝇。"厨师说："她只有一只，而您却有两只，这不正是对您的特别优待吗？"顾客在事实面前心满意足，再也没话可说了。

就连阿嗡大夫本人也越来越为塞子的副作用而苦恼。

有一次，阿嗡大夫去裁缝那儿取一件做好的衬衫。对着镜子试穿的时候，他怎么也找不到应该缝在胸前的那只口袋。"它在这儿呢。"裁缝拍拍阿嗡大夫的背——原来那只口袋被缝到后面去了。

阿嗡大夫立刻生了气！裁缝习惯性地要来拔塞子，被阿嗡大夫敏捷地躲开了："你别再来这一套了。你这种马马虎虎、不负责任的作风，难道不应该被指责吗？"

"奇怪，"裁缝说，"您说的'这一套'——拔塞子放气，不是您自己发明出来的吗？"

阿嗡大夫一愣，正要再说什么，忽然从镜子里看见：一个小偷，从裁缝的衣架上拿了一件大衣，大摇大摆地就往外走。

"有人偷您的东西了！"阿嗡大夫连忙提醒裁缝。可是裁缝无动于衷——那小偷已悄悄地把他的塞子拔掉啦。

顿时，阿嗡大夫既气裁缝，又气小偷，更气自己——是自己发明出这种放气塞子，使大家对该气的事情也气不起来了呀。几股气聚在一块儿，阿嗡大夫成了个憋足气的皮球，砰的一声，他从裁缝家里弹了出去，一把揪住了小偷的衣领！

小偷回头一看，伸伸舌头说："您的气真大。"

"我要把你交给警察！"

小偷笑嘻嘻地说："有了您发明的这种放气塞子，警察也会原谅我的。不过，还是请您先原谅我吧。"小偷的动作真快，趁阿嗡大夫一不注意，就把他的塞子拔掉了。

阿嗡大夫立刻松了劲，眼巴巴看着小偷逃走了。

五

不行，不能再这样下去了！阿嗡大夫回到家，立刻把肚皮上的塞子扯下来，装回到吹气狐狸的身上，然后用手术线把出气的肚脐眼缝得严严实实。宁可有时候胀得难受，也不能任凭歪风邪气这样嚣张！

阿嗡大夫看到那个小偷拦住一辆蓝色的小汽车，招手叫车上的司机下来。在谈天时，小偷又神不知鬼不觉地拔掉了司机的塞子，然后飞快地登上汽车，发动了引擎。

正当小偷得意地驾驶汽车朝家开时，他发现阿嗡大夫坐在车厢里！阿嗡大夫是趁小偷和司机说话时抢先上的车。

"你的胆子越来越大了！"阿嗡大夫说。

"是的，"小偷回答，"多谢您的塞子——您上哪儿呀？

我送您去。"

"我去公安局。"

"啊，那可不是个好地方。但没关系，我已经不怕警察啦。我送您去就是了。"

到了公安局门口，小偷停下了车。

阿嗡大夫说："请你跟我一起进去吧。"

小偷知道不妙："我可不想进去。您有没有香烟？"说着便在阿嗡大夫身上乱摸。

"我知道，你在找我的那个塞子。告诉你，我已经不用塞子啦。"

"啊，那真糟糕。您的塞子是个好玩意儿。"

"可只要有你这样的人还在捣乱，就不能要这样的玩意儿。"

这时候警察们迎了上来。阿嗡大夫连忙掏出胶布，给警察们把肚皮上的塞子封住。这下小偷就做不了手脚啦！一个盗窃的惯犯终于被捕了。

围在旁边的群众纷纷向阿嗡大夫伸手："大夫，给我一块胶布，让我贴住塞子，去好好教训一下管澡堂的那个小伙子！他把我们冻得……冻得……阿嚏！"

"大夫，给我一块胶布！由于这个塞子，饭店的厨师心安理得地让我们吞下许多说起来都叫人恶心的那个……

那个……呕！"

"大夫……"

阿嗡大夫一边发着胶布，一边想：是啊，该生气的时候还是得生气。这当然不怎么愉快，可是，不这样，那将更不愉快！

▶名著导读课堂
▶作家故事影像
▶阅读技巧点拨
▶漫游世界名著

扫码获取

在兴拔河的地方

力力国兴拔河。他们嫌讨论、说服太烦人，于是决定有什么事情都靠拔河来决定，谁赢了就听谁的，既省事，又痛快。比方说，老师见学生在课桌上刻字，他并不搬出什么"要爱护公物"的大道理，而是很干脆地对学生说："来拔河吧，要是你输了，以后就别再这样做了。"尽管学生使出了吃奶的力气，可是没一个能拔得过老师的，只好照老师说的办了。过了一段时间，学生们想了个办法，他们约齐了二十个人，同时对着课桌动起了小刀。走进教室的老师顿时目瞪口呆。二十个学生齐声对他说："来拔河吧，要是你输了，以后就随便我们怎样做吧！"虽然老师脱得只剩下背心、短裤，可他到底还是拔不过二十个学生。他输了，再也管不了这些学生了。

拔河决定一切。教室每天需要打扫，谁来干？男生叫女生干，女生叫男生干，于是男生便提议拔河，比赛的结果还用说吗？尽管女生比男生还多两三个人，可她们总是一败涂地，谁叫男孩子有那么一股蛮劲呢。

于是打扫教室的活儿就不得不由女生包下来，直到又新来了一个女生。这个女生叫阿哦，是从理理国转学来的。她见到这情景感到很惊奇。

"来试试吧！"男生们把拔河的绳子扔在阿哦面前。"女生再加你一个，照样不在话下！"

阿哦站到女生队伍后面，用力拉住绳子。"一，二，三！"哎呀，女生们果然又输了。

男生们欢呼着，背起书包就要回家。"你们别走，"阿哦叫住他们，"该你们打扫教室啦。"

"咦？"男生们好奇怪，"我们赢了呀。"

阿哦说："你们赢了，证明你们力气大。力气大的人应该比力气小的人多干一些才对，我说得在理吧？"

男生们张大了嘴，谁也没法反驳阿哦。他们没理，但即使有理他们也早就不习惯说理了。

愣了好一会儿，一个男生才站出来说："我们承认，力气大的应该比力气小的多干活。可是一开始你没说清楚，所以刚才不算，咱们再比一次吧。"

"你们真会耍赖！"女生们叫起来，不过还是同意了，"再比就再比，反正你们的力气肯定比我们大。"

第二次拔河比赛开始了。这一回，男生们虽然"哇啦哇啦"地喊着号子，却都是装空架子，他们才不想比赢了去扫地呢。好哇，女生们心想，假使劲，我们也会！双方就这样僵持着，谁都没把对方拉过来一寸……

"咕噜噜！咕噜咕噜！"有一种声音从大家的肚子里传出来，当人很饿的时候才会有这种声音的。

"唰唰唰！"男生们的背后又响起一种声音。男生们回头一看——阿哦在用扫帚扫地。

阿哦招呼说："别拔河啦，大家齐动手，一会儿就干完啦，不比这样拉着绳子挨饿强？"

男生们一想：这话真在理！

就这样，在兴拔河的地方，一个女生战胜了一大群男生，但她并没有靠拔河！

冰箱里的教练们

这是一批世界上最出色的体育教练，他们自愿钻进了一个大冰箱。

原来，国际教练协会刚刚召开了一次研讨会，研讨的内容是：100 年后的体育运动水平，会超过现在呢，还是不如现在？

一部分教练说："会超过现在的，一代更比一代强嘛。"

另一部分教练却直撇嘴，他们认为：打破世界纪录的人将越来越少，因为现在的水平已经接近极限了。

"再说，那时候不会再有像现在这样出色的教练了。"他们断定。

研讨会没争出结果。会后，这些撇嘴的教练聚到一起，商量道："我们不能这样撇撇嘴就算了，作为著名的教练，我们也要对未来体育运动的发展负责呀！"

他们请冰箱厂特制了一个大冰箱，决定将自己冷藏100 年，等出来时还可以保持精力充沛，为 100 年后的体育运动再作贡献。

根据各人的体型，他们选择了各自在冰箱中的位置，矮而胖的坐到放鸡蛋的圆窝里，细高个儿像汽水瓶那样站成一排……他们把定时升温开关拨到"100年"的刻度上，然后合力拉上了密闭的铁门。

他们各自做了一个长而又长且有点无聊的梦。终于有一天，他们在温暖中醒来。"砰！"冰箱门自动弹开，阳光刺眼。他们抖了抖身上的霜花，从各自的位置跳了出来。

100年后的世界使100年前的人们感到眼花缭乱。但他们的责任心提醒他们：先别光顾着观赏市容。"到体育馆去！"他们异口同声地喊道。

随着这喊声，他们脚下的人行道突然移动起来。这是一种声控自动人行道，它很快把教练们送到一座超级体育馆前。

该体育馆设有许多分馆。篮球馆内正在进行国际比赛，"进去瞧瞧！"篮球教练兴奋地说道。

跟100年前不同，那时候篮球场上尽是大个子，可眼前双方队员的身高竟只有1米7、1米6左右，个别队员甚至还不到1米5。

100年前的篮球教练摇了摇头，他找来了如今的教练，对他说："要注意挑选高个儿队员，'空中优势'很重要。我们那时候，两米以上的队员多的是呢。"

"谢谢前辈指导，"场上教练笑着解释说，"可是如今改了比赛规则。为了鼓励队员技术的发挥，防止靠身高占便宜的现象，我们现在规定：同样投进一个球，矮个儿队员比高个儿队员多计分，越矮分越高，所以……"

篮球前辈目瞪口呆了。

"其他运动也有了一些改进，现在正同时进行拳击比赛……"

不等那教练说完，拳击教练忙催伙伴们赶到拳击馆。

一座拳击台，用绳栏围着，看起来还跟100年前一个样。两名选手你来我往地较量着。忽然，穿红背心的选手"嘻"地笑了一声。

100年前的教练忍不住喊出来："严肃一点！嘻嘻哈哈会影响斗志！"

这时那红背心又笑了一声，教练们这才发觉，原来是穿蓝背心的对手在挠他痒痒。

"犯规！"100年前的教练又喊。

"别乱喊。"裁判说，"并没犯规呀。进攻手段应该灵活多变，互相挠痒痒是许可的。老实说，不怕痒的人还无法取得参赛资格呢。"

"这像什么话？！"拳击教练独自喃喃着。

游泳教练又把大伙儿带到游泳池。

"这也不像话！"游泳教练指着各泳道选手的身后——他们并不赤脚，而像溜冰运动员那样在脚上绑着东西。这是各式各样的机械推进器，有螺旋桨式的、有喷气式的……

游泳教练气呼呼地指着第一个爬上来的选手说："你赢得并不光彩！"

"有什么不光彩的？"那选手理直气壮地反驳道，"这推进器是我自己设计制作的，就跟航模运动员做航模一样，凭的是智力。我得冠军靠的是体力加智力，难道不比以前光靠体力的运动员光彩一些吗？"

游泳教练被反驳得无话可说。

这时跳高教练"哼"的一声："这么说，也许跳高运动员的脚底要装上火箭了。"

他们又来到跳高场地。

跳高教练看了看电子显示屏，惊讶地叫起来："现在的跳高世界纪录只达到 1.6 米？不对吧？我们那时候已经超过 2.4 米了呀。"

负责摆跳高横杆的工作人员告诉教练道："原来的世界纪录已接近极限，为了提高大家对这一运动的兴趣，规定起跳时要双脚并拢，这样就有了新的难度，也就产生了新的纪录。"

自行车比赛也是如此，选手们往后蹬车，屁股朝着终点。

象棋比赛呢，过去将和帅是从来不能走出城圈的，可是现在给了将和帅出城的自由，这样就很不容易被"将"死了。

这都是100年前的老教练们想象不到的事。

而且，又有一些新的运动项目被正式列入国际比赛。比如"斗鸡"，这原是小孩子闹着玩的把戏，抱着一条腿撞来撞去的，现在却得到了国际奥委会的认可。

还有一种笑的比赛，跟健美比赛差不多。要求笑得假，笑得自然，笑得适度，笑得悦耳。选手们还得知道什么该笑，什么不该笑。裁判跌了一跤，好几个选手都笑了，他们被扣了分。而当裁判提出："请想象一下自己现在已经得了冠军……"有一个选手没像别人那样笑出来，他被扣了分。

老教练们奇怪地问："为什么要扣他的分？他表现得挺谦虚嘛。"

裁判回答："我们认为，一个人有权为自己取得的成绩自豪，而且他没必要掩饰这种自豪的心情。"

老教练们听了这话，虽然还有自己的想法，但他们也笑了，为了这敢做敢笑的新一代人。

老教练们商量了一会儿，又一起钻进了那大冰箱，又把定时升温开关拨到"100 年"的刻度上——他们充满兴趣地等待着下一次，那"砰"的一声，那刺眼的阳光……

不好意思

软先生是一条毛毛虫。

软先生有一棵苹果树。

软先生很爱他的苹果，因为苹果既能让他吃，又能让他住。软先生住的地方真不少，因为树上那么多苹果，都被他咬出了大洞洞、小洞洞。

软先生很勤劳，每天都要找个没咬过的苹果咬咬。一天早上，他在他的树上爬来爬去，好不容易找到一个没被咬过的大苹果，打算在上面咬出一个游戏室或练功房。正打算着，却见那苹果摇晃了起来。

仔细一看，原来是一只螳螂在锯苹果的果梗。再锯几下，这个苹果就要从树上掉下去了。

软先生大叫："你这样做，不知道我的心会疼吗？"

螳螂说："那我就锯轻一点儿。"

"轻一点儿也不行，"软先生说，"又不是你的苹果。"

螳螂就告诉软先生，马上要举行苹果大奖赛了，主办者知了博士叫他来锯下软先生、弯先生、钻先生的三个苹果，并请他们三个去当评委。

软先生说："那我一定把我的苹果评第一。"

螳螂说："可我会挑选三个外观一模一样的苹果，让你认不出来。"

这可难不住软先生。趁螳螂去锯最后两下时，软先生悄悄爬到大苹果下面，咬了很小的一口，做了个记号。

等软先生一拱一蹭、一蹭一拱地赶到赛场时，弯先生和钻先生——另外两条毛毛虫也正好赶到。三个苹果已经被编好了号码。

知了博士宣布："比赛开始。1号苹果出场！"

一个大力士蚂蚁把1号苹果扛到赛场当中。

软先生已经看到了这苹果下面的那个记号。

等知了博士说完"请评委品尝，亮分"，三条毛毛虫立刻扑到苹果上，狠狠地咬了一口。

软先生问弯先生和钻先生："味道怎么样？"

"吧嗒吧嗒，"弯先生吃的声音很响亮，"好甜！要不是我抵抗力强，早甜昏过去了。1号苹果可以给10分！"

"啊唔啊唔，"钻先生也吃得很专心，"一甜就黏，要不是我有点功夫，上嘴唇和下嘴唇早就被黏得分不开了。给10分，没说的！"

听弯先生和钻先生对 1 号苹果这么一夸，软先生被感动了。他觉得自己私心太重，有些不好意思。他说："我认为 1 号苹果甜得还不够，给 10 分高了些，应该得……应该得……"他想了又想，"应该得 9.99 分。"

接下来，大力士蚂蚁搬出了 2 号苹果。

软先生忽然发现 2 号苹果的下面也被咬出了一个记号！

他又去看 3 号苹果……天哪！大家都想到一块儿去了。

刚才，大家都把 1 号苹果当成了自己的苹果。

软先生就对弯先生和钻先生说："我已经'不好意思'过了，该你们两个'不好意思'啦。"

石　像

　　我成了一座石像，浑身上下都变成了石头，一动都不能动。

　　这事是谁干的？我自己。自己怎么干？好办，因为我是一名童话作家，童话写多了，总有一点儿童话的魔力。变个石像，对我来说是小意思。

　　事情是这样的：

　　我被邀请参加一个童话夏令营。那天登上一座湖中的小山，山上有名人的墓和他的石像。

　　走在一起的朋友跟我开玩笑说："周锐，你也搞一个像吧？"

　　我说："像嘛，我有好几个了——漫画像。"

　　"你应该塑一座石像，那多神气啊。"

　　我想了想，说："这东西太花钱，太费事。干脆，不用雕，不用凿，我自己变成石像吧！"

　　"嗯，这倒也是个办法。"

"而且，"我越想越兴奋，"人变的石像，还能变回人。过了一百年、两百年，到我愿意的时候，我还可以活过来！"

说干就干。我朝路边一站，摆好姿势，自己对自己说："为了让后世的人们知道我的模样，我要在今天变成石头。为了让我也能知道后世的样子，我要在一百年后醒来。变吧，变吧——石眉、石眼、石鼻子，石肝、石肺、石肠子……"

我的全身渐渐僵硬起来，麻木起来，沉重起来。我终于失去了知觉……

像睡了一个深而又深的长觉，我醒来了。眼前的景象从模糊到清晰。我看见穿着新式服装的人们站在我面前，可是我却依然不能动、不能说话，连眼睛都没法眨一眨。我醒来了，但还是一座石像！这可有点糟糕。也许是因为我好长时间没写童话了，童话的魔力都退化了吧？

人们指指点点地议论我：

"这是谁？是从前的大明星吗？可他长得并不英俊。"

"也许是个有钱人，才有钱立石像。"

我后悔当初没在脖子上挂个牌子，写上"童话作家周锐"。

又有两个人走来了。他们将我打量一番，其中一个惊喜地叫道："啊，是他！"

另一个问："谁？"

"是上个世纪的一位大人物，我见过他的照片。"

我默默地庆幸，总算还有人知道我。

那人继续向伙伴介绍："他是个了不起的发明家。他发明了塞在肚脐眼里的人体节能器，能使食物产生的能量得到充分利用。现在我们一个月吃一顿饭，而过去一天就要吃三顿呢。还有他发明的'精神焕发帽'，使人类不再需要睡眠，省出了那么多时间，相当于延长了每个人的寿命……"

原来是牛头不对马嘴！

那人又说："专为这位伟大发明家建造的纪念馆快要完工了，我想，把这座石像放到那里去，一定会更合适些。"

于是，根据发明家的崇拜者的热心建议，我被搬进了纪念馆，莫名其妙地替别人接受崇敬和赞美——听到的好话越多，越为自己难受。

没过多久，又有人指着我揭露道："他是个冒牌货！"因为经过细心的核对，发现我和那位发明家虽然很像，但发明家的左耳朵应该缺掉了一小块儿，那是在一次危险的试验中被炸去的。

我被扔出了纪念馆。

我无可奈何地躺在泥地上，而且是脸朝下地"躺"着，想翻过身来都办不到。

又不知过了多少日子，我听到这样的对话：

"经理，我们展销仿古服装，这座古代石像倒是理想的模特儿呢。"

"唔……"

"您瞧，身材还不错——"我感觉到一根皮尺从我的头顶拉到脚底，"一米八二呢。"

"好吧。"

不一会儿，我被翻转过来，得以重见天日。他们将我冲洗干净，抬进了时装公司。

马褂、僧服、牛仔裤、锁子甲、靓仔T恤衫、夜行衣……一个星期换七套衣服。唉，既然我没有本事以出色的成就使自己的形象流传后世，那么，做模特，总比在纪念馆里当假名人强。

一天，一位与这家服装公司有着合作关系的考古学家又来了。他向经理展示了几种新发现的古代服饰，顺便提道："最近，在一处古代少年宫遗址中，我发掘到一本上个世纪出版的童话书，写得还挺有趣的。书名叫《蚊子叮蚊子》。"

我真想跳起来！天哪，这是我写的书！

"我打算让这本书重新出版。"

太好了！

"可惜……"

"可惜什么？"

"可惜作者的名字被虫蛀掉了，重新出版时只能署'无名氏'了。"

可恶的蛀虫，别的地方都不去蛀，怎么把最重要的"周锐"两个字蛀掉了？

但是，我又想，要是蛀掉别的地方，我的童话也就被损坏了，人家就会读不明白。要是这样，那……那还是蛀掉名字算了。对读者来说，童话要比童话作家的名字更有意思呀。

当然，我还是希望今后能发掘出我别的没被蛀掉名字的童话书。

▶名著导读课堂
▶作家故事影像
▶阅读技巧点拨
▶漫游世界名著

扫码获取

明星和他的四个替身

在一座公寓的第十七层，住着一个功夫明星——金龙。

金龙正准备外出旅游。因为拍片拍得太累了，他想喘一口气。

他刚锁上旅行皮箱，忽然凝神谛听。尽管身在十七层之上，他还是觉察出——楼下发生了搏斗。

金龙走到窗前，只见楼下停车坪旁，四条汉子正在混战。他便一把提起皮箱，"嗖"地从窗口扔了出去。

四人正打得难分难解，见一皮箱凌空坠落，急忙跃起接住。

金龙随即挽着长绳飞身而下——他从不乘电梯，每天便靠这窗外的长绳上上下下。

金龙飘然落地，顺手拿过皮箱："请问诸位，因何在此打斗？"

众人一见金龙，立刻满脸笑容地拱手致敬："金龙先生，正要找您！"

冷不防，四人中的一个矮个子突然施展擒拿术，将金龙的皮箱劈手夺过，随即钻进汽车，疾驰而去。措手不及的金龙略一发愣，便也腾身来个"大鹏展翅"，正好落在车门踏板上。

金龙进入车内，只见矮个子哈哈大笑："金龙先生，在这种场合，文请不如武请啊。我是群英影业公司的导演，特邀先生领衔拍片。他们三个是别的影业公司的。我们不约而同前来找您，刚才为了抢先上楼，不得不相互较量了一番——您知道，作为功夫片导演，都得会两招的。要不是我先下手为强……"

这时从后面"噌噌"掷来几枚金针，矮个子的后车胎顿时泄了气。说时迟那时快，另一辆汽车立刻超了上来，横截在街心。

"金龙先生！"第二位导演跳出车来喊道，"我对您的遭遇深表同情。我是苍鹰影业公司的。"

金龙不耐烦地说道："你是苍蝇公司也好，蚊子公司也好，我都不感兴趣！请你们暂时别打我的主意了，我需要休息！"

可是两位导演哪肯罢休，一个紧抓住皮箱不放，另一个又暗取金针，"噌噌"掷了过来。第一枚金针正中"群英"导演的风池穴，霎时间他向后仰倒，四肢抽搐，口吐白沫，宛如癫痫发作一般。紧接着发出的第二枚金针径直朝金龙而来，被金龙伸两指接住，并反手掷回，正中"苍鹰"导演的笑穴。当即那导演捧腹狂笑，转眼间笑倒在地，挣扎不起。金龙提起皮箱，正欲夺路而逃，却又受到随后追来的两辆汽车的包抄堵截。

"大打特打公司欢迎您！"

"玩命公司愿出高额聘金！"

金龙左奔右突，正在穷于摆脱之际，忽听空中轰鸣声渐近，一架直升机在他头顶放下了软梯。金龙急于脱身，一个"旱地拔葱"，伸手抓住软梯。直升机扶摇而上，底下的导演们徒唤奈何。

金龙顺着软梯爬进座舱，见到一位衣着华丽的男子。只听那人自我介绍："我是鱼目公司……"

金龙不由得勃然大怒："够了！够了！我不能没完没了地干，我又不是机器人！"

"我很理解，"那男子笑道，"我正要给您提供机器人。"

"什么？！"

原来，这男子的公司全称是鱼目混珠机器人制造公司。

"金龙先生，您所遭遇的情况，我们的信息系统已注意到了。"鱼目公司经理侃侃而谈，"在我们的帮助下，您一点儿也不必烦恼。您可以同时和那四家影业公司签订拍片合同，拿下四份高额聘金，然后提起您的皮箱，爱上哪儿就上哪儿，爱玩多久就玩多久。"

"这怎么行？"金龙不以为然，"干这种无赖之事，岂不坏了我的名声？"

"不不，您的影响力将数倍于从前。我们准备按照您的音容笑貌，造出四个和您一模一样的机器人，由他们替您履行合同，而这四部片子的字幕上，'领衔主演'仍然是金龙！您忘情于山水之间，却照样名利双收，何乐而不为？"

金龙半信半疑地点了点头，却又问道："不过，我得为这四个机器人替身付钱给你们，这笔钱一定很惊人吧？"

"不，不不，"鱼目公司经理笑得更迷人了，"我们不收您一分钱。"

"这怎么可能？"

"完全有可能，因为您并未获得对这些机器人的支配权。在他们替代您拍完这四部片子后，他们将继续以金龙的名义承接拍片业务，而那时的全部酬金便归鱼目公司所有了——我们当然不能白为您效劳。我想您不会反对我们这样做吧？"

金龙想了想，觉得鱼目公司经理所说还算合情合理。自己正厌于拍片，巴不得让假金龙来代替真金龙；自己要去好好地玩一玩，正好让鱼目公司好好地赚一笔；玩的人玩够了，赚钱的赚够了，自己再回来拍片，那时真金龙重新露面，假金龙们就算完成历史使命了。

这时直升机降落到一个平台上。鱼目公司经理领着金龙进入了公司的制作车间。

在这儿，原形复制的工作就像小学生造句那样简单容易。只用了嚼一块口香糖的工夫，四个机器人替身已经制作完毕。金龙走到替身们中间，如同站在多面镜前，他不得不承认鱼目公司技术的高超。

"现在要进行的是最后一道程序。"鱼目公司经理让金龙和四个机器人分别戴上一种头盔，"这叫'一次性技能传授盔'。金龙先生，请把您的全套武功动作表演一遍。"

金龙闻言，便先将看家功夫"星宿五行掌"练了起来。这套掌术分金、木、水、火、土五行，每行各有四招，共二十掌。第一掌叫"金龙飞天"，是个高跃之势。金龙刚刚跃起，见四个机器人替身也已跃起在空中，身法、步法毫不走样，出手、转势丝丝入扣。第二掌叫"木狼卷地"，四个机器人与金龙同时落地，同时变招。接下来"水猿啼月""火蛇盘柱""土蝙出穴"……由于"传授盔"的同步模仿功能，机器人表演的每一招每一式无不惟妙惟肖。二十掌打完之后，鱼目公司经理请金龙站在一旁，然后命令四个机器人将"星宿五行掌"重复一遍，看得金龙连声叫绝。

"这就是技能模拟的'一次性'过程，绝不会有半点差错的。"鱼目公司经理得意地夸耀道，"他们可以算是您最聪明的徒弟了吧？"

"真是不可思议！"金龙感叹道。

接下来是器械功夫的传授。不一会儿，十八般兵器全部传授完毕。

"行了！"鱼目公司经理非常满意地与金龙握手，"我们的合作计划可以正式开始了！"

金龙分别与四家影业公司签订了合同，领取了聘金，然后便漂洋过海周游世界去了。

四个机器人替身很成功地主演了四部功夫片。当四位导演还想找金龙签订下一部片子的合同时，四个假金龙突然失踪了。这时导演们收到鱼目公司经理的请帖。鱼目公司经理在宴会上坦率地公布了真相，并表示愿意与电影界建立令人满意的多边合作关系。导演们吃惊不已，但他们还是接受了这一现实——尽管他们心底都希望最好自家能拥有唯一的金龙。当然，观众方面对这些内幕一无所知，他们只觉得他们热爱的明星精力越来越充沛了。

整整过了三年，金龙倦游而归。这三年内，他在世界各地看了不少由他的四个替身主演的功夫片。"现在，真金龙要重返银幕了！"踏上归程之前，这位功夫片巨星给三年前来抢他的四位导演写了信。

但是，没有一位导演到机场迎接金龙。"他们不需要我了？"金龙心里直犯嘀咕。

确实，导演们并不欢迎真金龙回来。他们觉得，金龙已太多，物以稀为贵，再来一个就更没有必要了，即使他是真的。他们已经用惯了金龙的机器人替身，并发现机器人比真人优点多：一、可以不休息地连续拍片；二、不怕冷，不怕热，不受季节影响；三、容易控制，不会耍明星脾气；四、拍一些惊险镜头不用特技，如被刀砍下一只胳膊等，只要事后稍加修理便可复原……

当天深夜，四个黑衣人受四位导演派遣，悄悄来到金龙的寝室门外。他们便是金龙的四个机器人替身，奉命来干掉金龙。他们在走廊上不期而遇了。但他们只相互瞪了几眼，没有采取敌对行动——他们之间有过几次拼杀，因为导演们希望只剩下自己的一个金龙，不过这些银幕外的较量都没成功，替身之间实力相当，半斤八两，谁也赢不了谁。

金龙寝室的老虎窗被悄悄拨开。金龙立即警觉地醒来，施展轻功一跃下床。这时替身A翻了进来。金龙急使一招五行掌中的"金狗夺日"，猛攻来者的胸膛。替身 A 不慌不忙地还了一招"木蛟取珠"，目标是金龙的眼珠，这是以攻为守。然而这一招立即使金龙意识到：是机器人徒弟来了！

金龙听到门外又有动静，便沉着地闪开一步，使个"水豹伏蟒"的架势以逸待劳。转眼间替身 B、替身 C、替身 D 鱼贯而入。只见黑影幢幢，只闻掌风嗖嗖，一场混战立即开始。

金龙与人交手无数次，但今夜的遭遇给了他一种极奇异的印象——他觉得他是在和自己搏斗。来者的招数全部出自星宿五行掌，这是金龙根据天上星宿之名揣摩自创的独家掌术(星宿名号中原有亢金龙、娄金狗、奎木狼、角木蛟、箕水豹、参水猿之类)。是的，这儿的十只胳膊似乎都是他金龙自己的肢体，他仿佛成了一只大章鱼，虽然在黑暗中，但每只胳膊的进退变化全都了然于心。

他在和自己搏斗，准确地说，是在和三年前的自己搏斗。由于这些年放松了练功，他缠斗一久便觉得吃力了。比如双方都使一招"金羊角力"，两只手掌互相抵住时，金龙便感到功力已不如以往了。

他内心涌上一阵惭愧——既然真金龙胜不了假金龙，那么这"真"又有什么价值呢？

金龙渐渐体力不支，被四个替身逼到窗前。他突然大吼一声，使出最后的"勇猛"，迫使替身们稍稍后退。趁这瞬间，他向后一纵身，已然跃出窗外！

金龙敏捷地抓住窗外的长绳，从十七层楼飞坠而下。

四个机器人挤在窗口干瞪眼，瞧着金龙逃走了。他们不会挽绳下楼，唯独这一招金龙没传授给他们。

金龙失踪了。

又过了整整三年。四位导演收到四份挑战书，是金龙的亲笔信。

"看来，他是到哪座名山修炼过一番啦。"四位导演暗自思量。他们决定派各自的机器人明星前往应战，自己也驱车而去，准备坐山观虎斗。

决斗依然在金龙的房间内进行。

四位导演刚刚钻出各自的轿车，只见十七层楼的一个窗口接连飞出几个人来。正是那四位机器人明星，他们是被扔出来的：替身 A 的大腿被扭了下来，仅有一线相连，像个半吊着的电话听筒；替身 B 的脑袋被扭转了一百八十度，脸被砸得凹陷进去；替身 C 的脊背和腹部各受了一掌，这两掌使他整个躯干弯折得十分可笑；最惨的是替身 D，他被一记当头痛击震成了两半——前面一半，后面一半！

导演们见自己的明星受伤，不但不恼怒，反而大声叫好。他们迫不及待地要冲上楼去——十七层楼上有位举世罕见的超级明星，说什么也得把他争取到手！但他们互相阻挡妨碍着，谁也没法占先，于是只好又像当年那样大打出手……

但十七层楼上的金龙呢，此时他并没有考虑将为哪家公司拍片的事，而只想着：我胜了，胜了！其实我只是战胜了自己呀。但战胜自己并不比战胜别人容易。有出息的人应该不断地战胜自己、超越自己……

草地上的空罐头

森林里的一块草地上，除了长着绿油油的草，还有一些小野花。

可是这一天，突然有个空罐头大模大样地躺在绿草地上，让人怎么看都不顺眼。

猴子说："这么好的草地，被弄得不像样子了！"

猴子捡起空罐头扔了出去。

空罐头飞呀飞，最终"咚"的一声，砸到了野猪的头上。

野猪说："怎么能乱扔废物？还好我的皮厚。"

为了避免其他动物也被这个空罐头误伤，野猪用他的两只长牙挖了个坑，把空罐头埋了起来。

住在地底下的鼹鼠正要上来换换空气，却发现通道被堵住了。

鼹鼠很生气地说："怎么能把自己不喜欢的东西往土里塞，也不管人家喜欢不喜欢！"

鼹鼠又把空罐头挖了出来，用脑袋一拱。

空罐头咕噜咕噜滚开了，一直滚到了兔子家门口。

兔子飞起一脚："去你的！"

空罐头落到了一个鸟窝里。

鸟爸爸动作快，一下子接住了空罐头，没让它碰伤孩子们。

鸟妈妈问鸟爸爸："是给咱孩子送吃的来了吗？"

鸟爸爸啄啄空罐头："空空，空空！"

鸟妈妈不明白："为什么送个不能吃的废物来呢？"

鸟爸爸就又把空罐头推了下去。

鸟窝下面有条小溪。空罐头掉到小溪里，就顺着小溪流淌的方向向前漂。

小溪流着流着，汇入了一条小河。

河边有一对乌龟兄弟。

乌龟哥哥对乌龟弟弟说："瞧，河里漂来个好东西。"

乌龟弟弟说："不，这是废物，和我一样。"乌龟弟弟瘸了腿，哪儿也不能去。

乌龟哥哥把空罐头捞到岸边，让弟弟趴在空罐头上面，说："我们的旅行要开始了。你瞧，你不是废物，它也不是废物。"

他们向着大江、大海出发了。

当这红色的空罐头不再是废物时，看起来还是挺漂亮的。

两个王子和一千头大象

国王召来石匠，让他在王宫前雕出一棵杜果树。

国王祈祷说："天神啊，我不想多活，就让我活到这树上的石头果实掉下来的时候吧。"

国王拥有一片肥沃的土地，还有两个儿子和一千头大象，他很留恋这一切。

石树雕成了，尽管很结实，但没有人敢摸一摸它。

碰巧一头大象走过，它对着石树发了一阵呆，然后就伸出那有力的长鼻（它只是由于好奇），咔嚓一声……

国王瞧见掉在地上的石杜果，叹了口气道："我应该说话算数。"于是闭上眼睛倒下去，很重地发出一声响，死掉了。

两个王子戴着金盔，正和火枪手们捧豹子呢。当他们回到王宫前，看见父亲躺在石杜果树下，便对他喊道："父亲，快站起来！我们打到一只小豹子。在还没有打到它之前我们就商量好了，我们要一人做一个豹皮箭袋。如果还能剩下一点料子，我们就给您做个豹皮烟袋。"

国王虽然很想要一个豹皮烟袋，但一个人既然死了，就不能随随便便站起来了。

王子们总算明白发生了什么事，他们很伤心。父亲死得这样突然，连一句话都没留下。要是他只有一个儿子，他当然完全可以这样做——但这儿明明有两位王子殿下呢，将由谁来代替父亲，拥有这王位、这土地，还有那一千头大象？

大王子想了个办法，他对弟弟说："咱们轮流做吧。我先当八十年的王，然后你再当。"

"我赞成轮流做。"小王子说，"不过，哥哥，这开始的八十年，还是让我来做吧。我想过了，这样对你是划算的。我现在当王，只有一千头大象；而八十年后，至少会有两千头大象属于你呢。"

这样的说法当然是有道理的，因为大象会生小象，小象又会长成大象。但大王子想了想又说："照这样，你的一千头象变成了我的两千头大象；但接下来又轮到你当王了，那我的两千头大象又会变成你的四千头大象！不行，还是你划算！"

"哎呀哥哥，再轮下去，你不就有八千头大象了吗？"

"不。好弟弟，你给我这八千头，只不过是为了以后能得到你那一万六千头，我可不傻！"

他们互相耐心地劝说对方。一千头大象站在他们周围。

大象和他们一样有耐心。

终于，他们停止了互相劝说。他们想出了另一个办法——把一千头大象平分成两份，每人拥有五百头。两兄弟各自为王。土地也是一人一半，用一把长刀在当中画了道国界。

过了些日子，小王子带着火枪手在自己的领地上撵豹子。眼看就要撵上了，枪手们已经瞄准了……突然那豹子跳过了国界，进入了大王子的领地。小王子和枪手们只好沮丧地收起了枪。

国界那一边，大王子也看见了豹子。"盯住它，打！"他命令自己的枪手。豹子见势不妙，又往回跑，再一次越过了国界。

如此反复。小王子和大王子身后，各站着五百头大象。它们默默地观看着这热闹的场景。

豹子学乖了，干脆在国界线上东一扭、西一扭地跳起舞来。这样，两边的枪口便交替着抬起、放下……人们总也来不及开枪。

终于，会跳舞的豹子沿着国界很快就跑得无影无踪了。

国界两边，两个王子一动不动地站着，互相瞪着眼，那分作两堆的大象也一动不动地站着，互相做出只有大象才能领会的微笑。

"哥哥，"小王子开口说道，"我们需要一条宽宽的界河，宽得使我的豹子再也不会跳到你那边去。"

大王子说："看来是要有一条界河，这样你就不会把我的豹子当成你的了，要知道我看见那豹子时，它就在我这一边。"

"你不要争了，就是争到明天，我也不会承认那豹子属于你。不过，"小王子语气和缓了一些，"既然你愿意要界河，我可以答应让你的五百头大象来干这事。"

"让我的大象挖河？不，好弟弟，是你提的建议，我怎能夺你的功劳呢？"大王子也很谦虚。

"那么，你的大象先干一天，我的大象再接着干，行了吧？"

"不，你们打头阵更合适些！"

兄弟俩又开始"互相劝说"。

天黑了，两位王子才最后说定：他们将同时动工挖河。

第二天早晨，两位王子出动了各自所有的大象。国界上象鼻子飞卷，象蹄奔忙，一千头大象又聚到一起干活，别提多起劲了，到傍晚已经挖出一条十丈宽的深沟，明天再修整一下便可完工了。

但一夜过去，兄弟俩来到挖河工地巡视时，不由得都吃了一惊！国界上平坦如故，那条深沟不见了！

这边的五百头大象和那边的五百头大象又见面了，大象和气地打过招呼，快乐地挖起河来。到晚上，一条十丈宽的深沟挖成了。

又过了一夜，两位王子发现挖出的泥土又回到了原处。

"天神啊！这到底是怎么回事？"面对一再发生的奇迹，两位王子有些害怕了。

那一千头大象倒很高兴，它们希望伙伴们常来常往，不想要宽宽的界河，所以在白天热闹了一番之后，晚上又一起来把深沟填平，并用四千个石夯般的蹄子把泥土踩得结结实实。

两位王子只好停止了挖河。

大象们又被分在两处。它们很不习惯这样，便悄悄地相互走动起来。虽然它们的主人每天都要把它们仔细地数一遍，但这边过去几头，那边也过来几头，只要每边总有五百头象，两位王子也就放心了。

有一次，一头大象在做客时被热情的伙伴们多留了一会儿，这可捅了娄子。这边的小王子数来数去，只有四百九十九头大象。

"哼，少的那一头象一定在我哥哥那儿！"小王子便来到国界旁，高声呼唤大王子。

这时大王子也数过大象了，听见弟弟叫，便把脸抹了好几下，让弟弟看不出他有多高兴。

"哥哥，"小王子问，"你是不是发现你那儿的大象多了一头？"

"亲爱的弟弟，"大王子装糊涂，"我的母象并没有生小象。"

小王子生气了："好，如果你坚持这么说，我就要把我所有的大象披挂起来，让我那些拿着长矛的武士骑上它们，向你宣战！直到你答应交出我的那头象。"

大王子说："我可不愿意打仗，请你再想想吧。"

"哼，你等着吧！"

小王子便准备起来。四百九十九头大象得配备四百九十九副铠甲，要挑选四百九十九名武士骑象作战（这当中还得包括他自己）。一切准备就绪，小王子又数了一遍他的大象——咦？这次不但不少，反而多出了两头！

原来那头去做客的象又带回了两位朋友。

小王子连忙跑到大王子面前说："亲爱的哥哥，我想过了，打仗多没意思，我不准备打仗了。"

"可是我准备打仗！"大王子板着脸，"不然的话，你是不会把我的两头象交出来的。"大王子说这话完全是将心比心——他得了小王子那一头象时，便没打算把它交出来。

"好，打就打吧。"小王子无可奈何地应了战。

他们选了个晴朗的日子。两边骑着大象，不慌不忙地向着国界逼近。

两位王子一声令下，两边的象群迫不及待地冲到了一起。

鼓在敲，号在响，一千头大象随着鼓号声摇头摆尾，婆娑起舞。它们的铠甲在阳光下格外鲜亮，像节日的盛装，它们的步态笨重而猛烈，泥块儿从它们脚下不断溅起，像泼水节银盆中洒出的吉祥雨。

这情景把双方的将士一下子弄糊涂了。他们互相询问："也许我听错命令了，今天咱们是来当仪仗队的吧？"

"很可能，像在搞联欢呢。"

在这种场合，按古老的习俗，应该向对方的象头上抛撒茶花。于是将士们跳下象背，跑向原野，用头盔摘茶花去了。

鼓在敲，号在响，一千头大象摩肩接踵，亲密无间。

大王子和小王子目瞪口呆。但他们想：既然开了战，好歹总要打一阵吧。于是举着那又长又重的兵器交锋起来。

就这样，上面打仗，下面联欢。

不一会儿工夫，两位王子便打累了。但大象们还没玩够呢，它们亲昵地、动人地踏着象的节拍，在茶花的芳香中，更狂热地跳着、舞着……

▶名著导读课堂
▶作家故事影像
▶阅读技巧点拨
▶漫游世界名著
扫码获取

王牌肥皂

大街上传来吆喝声："王牌肥皂，一洗就掉！"

大家围过去，只见卖肥皂的人面前摆着一块白布和一罐红油漆。卖肥皂的人把红油漆倒在白布上，然后拿出一块看起来很普通的肥皂，没有蘸水，就这么直接朝脏布上一抹——嘿！红油漆不见了，白布变得比原来还干净。

街上跑过一头黑猪。卖肥皂的叫人把猪逮住，用肥皂给它抹了一遍，黑猪立刻被洗成白猪，连猪毛都被洗掉了。

当场试验，不由你不信，王牌肥皂就是"呱呱叫"。常洗衣服的小姑娘们，一人买了一块王牌肥皂。

小姑娘晶晶一回到家就开始洗衣服。这次可以不用洗衣盆了，她把换下来的衣服都摊在床上，很快地用王牌肥皂抹了一遍。

呀，王牌肥皂真厉害，不但洗掉了灰尘，连衣服上的各种颜色都洗掉了：蓝手帕洗成了白手帕；黄袜子洗成了白袜子；绛红的百褶裙、浅紫的衬衫、苹果绿的头绳等，都变成雪白雪白的了。

晶晶穿着这一套白衣裙出门去，见到别的小姑娘，都是一色的白裙子、白袜子、白衬衫、白头绳。大家你看看我，我看看你，觉得怪有趣的。

这时大街上又走来一个小姑娘，大家的目光全集中在她的裙子上——只有她的裙子不是白的，她穿着一条色彩鲜艳的花裙子。

大家不由自主地把穿花裙子的小姑娘围住了，晶晶抢着问她："你没用王牌肥皂洗衣服吗？"

那小姑娘摇摇头说："我们家从来不用这种肥皂。我爸爸说，把衣服全洗白了不好看。"

"你爸爸？"

"我爸爸就是那个卖肥皂的呀。"

大家全都愣住了。

好一会儿，她们才回过神来，看看自己，又看看那小姑娘，她那条花裙子五彩斑斓，显得那样引人注目。大家生气了！

由晶晶领头，小姑娘们一人拿着一块王牌肥皂，找到了那个卖肥皂的人。大家七手八脚地拽住他，用这肥皂在他身上乱抹。一眨眼的工夫，那人的胡子、头发都被洗掉了。接着，眉毛也被洗掉了，他的脑袋成了个"光鸡蛋"。

小姑娘们一边用劲洗，一边大声吆喝："王牌肥皂，一洗就掉！"

宋 街

这条街原来叫青石街，街面由千百块数尺见方的大青石铺成。除此之外，街道两旁的房屋店家与市内别的街道也没什么大不同——可那是成立旅游局以前的事了。

有一天，来了个老华侨，戴了顶有把儿的帽子。他对青石街很感兴趣，不仅用脚去量，还用手去摸。他走了没多久，本市便成立了旅游局。我是这个局的职员。根据老华侨的建议，本市的旅游业务应以青石街为中心，因为它是一条古老的街。那青石路，清朝人踩过，明朝人踩过，更早时曾留过宋朝人的足迹。

"干脆把青石街改名，就叫'宋街'！"这个好主意是我出的。

"唔，有创见。"局长直点头。

我受到鼓励，更来劲了："既然叫宋街，那这街上所有的一切都要'宋'起来才对。"

"怎么个'宋'法？"

"首先是市容改建。茶楼酒肆、官衙民宅，全部按照宋朝格局。我建议由说评书的王小堂负责督造，他专说《杨家将》，正好是宋朝的那一段儿。"

"行。还有呢？"

"不合适的现代化设施要去除干净。电线杆太碍眼，全拔掉，家家户户用灯笼。自来水管、煤气管也得拆了，往后喝井水、烧大灶。还有服装问题，男的戴巾，女的穿襦裙，一点也不能错。还有礼节问题……"

我被任命为宋街总设计师兼总指挥。

开辟宋街的消息很快传开去，全市居民都激动了。我的几位住在别的街道的亲戚来找我，要我帮他们安排到宋街，哪怕当店小二、轿夫也行。想一想，能像在台上那样，整天穿着古装摇来摆去，多有趣呀。

没过几天，宋街上有墙的地方都贴满了"换房启事"，大致内容如下：

本人家住本城某街，面积宽敞，设备齐全，阳光充足，交通方便。由于很想过宋朝生活，情愿以大换小，以新换旧，以朝南换朝北，凡宋街住户，有意协商者请来电来函。

我一见这种启事就统统撕掉。我告诉他们：我对这种在墙上贴字条的现象作了考证，宋朝时也许已有了"天皇皇，地皇皇，我家有个夜哭郎"之类的帖子，但绝对还没出现"换房启事"，所以宋街上不能贴，要贴请贴到别的街上去。而且我断定，贴也是白贴，不会有哪家宋街居民肯放弃如此迷人的生活的。

宋街的改建工程终于完成，今天开始全面演习。

一清早，我骑上黄骠马，从街的这一头向那一头巡视。为了该穿什么服装的问题，我反复考虑，最后决定穿上林冲当年担任八十万禁军教头时的那一套。我一路缓缓行去，看到酒楼挂出的旗子在我头顶飘扬，旗上写着"三碗不过冈"；小贩叫卖着武大郎卖过的炊饼，这炊饼的制作方法是我委托食品专家研究出来的；裁缝铺的姑娘看起来既好奇又有点不耐烦，她正一针一线地缝制着一件大个子穿的长袍，因为我规定不许使用缝纫机；几个书生，一边走一边讨论着我所指定的岳飞的《满江红》的词……

"报告！"

我被吓一跳，一看，是个家将打扮的小伙子在向我举手敬礼。

"请首长下马！"他又说。我这才认出，他以前是个警察。他一边说，一边指着路边的一块小石碑。石碑上刻着：

文官下轿　武将下马

哦，我这才发觉自己已来到了杨家的"天波府"前。我赶紧下马，对那小伙子说："你做得对。但不该叫我'首长'，要叫'大人'。再说，宋朝不兴举手礼，兴'唱喏'。瞧，像我这样——"

我双手抱拳，举过头顶，照《水浒传》里描写的，"唱了个肥喏"。

这时一阵马蹄声传来，只见一个驿卒飞身下马，口称"大人"，双手呈上一份邮件。我很满意他的举止得体，他以前可是个骑摩托车送信的邮递员呀。但我接过邮件一看，是我同学寄来的，一张明信片！

"给我退回去！"我很生气，"回去告诉你们所长，不不，现在他是'驿丞'了。对他说：所有信件都得按照宋朝的格式，用带红框的长信封，繁体字，竖写，不能称'同志'，尤其要注意——钢笔、圆珠笔、彩色笔都不行，一律要用毛笔！不符合规定的，一律退回！"

我正在发火，忽见不远处有两个醉汉扭打起来，边打边骂：

"你这家伙……"

"你这流氓……"

我赶忙跑过去纠正他们："你们骂得不对，按宋朝的骂法，应该是'你这厮''你这泼皮'。再说，你们不该用国外的拳击姿势打架，我觉得，结合你们此刻的醉态，用鲁智深的'醉八仙'拳打起来更合适。"

我一边说着，一边给他俩示范了几手："何仙姑懒卧牙床""韩湘子倒拔金箫""吕纯阳飞剑斩黄龙""铁拐李独脚下云梯"……

看来问题还不少。这宋街要对外开放，还得加强训练，不然非出洋相不可。

训练持续了三个月，最后我进行了严格的考核。

我要求买卖人能识十六两的秤，能使用特制的"建隆通宝"铜钱。

"告诉我：十五吊等于多少文？"

"回禀大人，应该是一万五千文。"

我要求读书人再近视也不能戴眼镜，因为宋朝还没有这玩意儿。另外，还得按照格律章法作诗词，写对子。

"我出个上联，你给对一对。"

"晚生遵命。"

"听着：宋街仿宋，好稀奇，令游客今古难分，真个远追八百年。"

"有了：眼镜离眼，实难过，叫书生东西不辨，只因近视一千度。"

我还要求所有的宋街居民在没有钟表的情况下学会看日头定时间。

"请回答：红日初升是何时？"

"卯时。"

"日影正中？"

"午时。"

"夕阳西坠？"

"戌时。——请问大人，阴天不见太阳怎么办？"

"阴天……咳，照样过呗。"

我对考核结果还算满意。

宋街正式对外开放了。中外游客慕名而来。熙熙攘攘，灯红迎宾，美酒佳肴，好不热闹。

可是，没过多少日子，我又开始觉得不对劲。那天我跨马上街，路过"天波府"时，耳边传来一声大叫：

"报告！"

我一皱眉：怎么又是"报告"？

"请首长下马！"那个家将打扮的小伙子向我举手敬礼。

我刚要训他几句"怎么这样没记性"，可仔细一瞧，咦，衣装还是原来那套，只是人模样变了。

"你跟人换了差使？"我问他。

"是的，我是刚从外区对调来的。"那家将说，"有哪方面不符合要求，请首长批评指导。"

我心里奇怪：为什么先前的那小伙子要调走呢？正想着，迎面走来几位青衿书生，鼻梁上明晃晃地架着一副镀金秀郎架眼镜，其中一位正朗诵自己的新作："……从晚上七点到十二点，我的心胸被快乐充满。"

"你们是故意捣乱怎么着？"我上前质问道，"为什么还要戴眼镜？这诗也不像样，应该改成：'戌时至子时，此刻最销魂'。"

书生们面面相觑："哟，想不到在宋街过日子还不大容易呢。""怪不得人家换过去那么爽快。"

听这话，他们也是刚从别的街道对换进来的。

我仔细巡视了一遍，竟发现四分之三的居民都是不懂宋街规矩的新迁户。

没法子，为了宋街的声誉，我只得重新进行训练，一练又是三个月。

可累坏我了。宋街的居民不断地外流，一次又一次地大换班，我只好一次又一次地反复训练。真叫人吃不消。为什么会弄成这样呢？我百思不得其解。

有一天我忽然想到：宋街的居民们要换到外区去，恐怕也会贴出些"换房启事"，那上面总得述说要换出的原因吧？

我脱下宋朝服饰，走出了宋街。

我在普通的现代街市上漫步，觉得一下子轻松了许多——不仅仅是因为卸去了头上的熟钢狮子盔、腰间的三尺龙泉剑、身上的梅花铁叶甲。在这里，不再需要那些繁文缛节、咬文嚼字。我在钟表店前站了一会儿，似乎第一次发现这些钟表竟是如此可爱。在电器商店前我站了一个半小时——橱窗里开着电视机，正在播放国际级的足球比赛实况。我原是个足球迷呢。宋朝的"蹴鞠"虽也是踢球，但毕竟是两回事。

接下来，我在电线杆上看到了我要找的"换房启事"：

本人家住本城宋街。宋式厅房，宋式家具，古色古香，古得可以拍历史片。由于很想再过那种自然的、不是演给别人看的生活，情愿以大换小，以古换新，以朝南换朝北。凡宋街以外的住户，有意协商者请来电来函。

我把这启事看了好几遍，最后决定：回去我也写一张。

电子琴密码

一

某工厂生产了十万架电子琴，其中有两架电子琴和别的电子琴不大一样。当然，这两架电子琴的说明书也和别的说明书不一样：

祝贺你，幸运的孩子。你不仅能用得到的电子琴弹奏乐曲，而且还能用它进行通信——那种少年朋友之间的、不愿让爸爸妈妈知道的秘密通信。准确地说，这是我厂试验制造的一种电子琴式的收发报机。

说明书上还标示出了"发报开关"和"收报开关"的位置。

除了说明书，装电子琴的大盒子里还放了一本秘密电码本。如果你想发出"你好"这两个字。密码会告诉你：

"3535"代表"你"字，你在键盘上弹出"米索米索"就行；"好"是"6161"，你得弹出"拉多拉多"。

瞧，说来简单，谁都会用，却不是谁都能得到这样的电子琴呀。刚才说了，这样的电子琴只有两架。

男孩李虎成了两个幸运者之一。他翻阅着那本密码，高兴得以为自己在做梦。

正在李虎不知怎么办才好的时候，他的电子琴响了。奇怪，自己并没有弹它呀！

电子琴一遍又一遍地演奏着同一段乐曲。

李虎仔细一瞧，发现电子琴后面的"收报开关"打开着。噢！他醒悟过来：这是那位没见过面的朋友正向他发报呢。

李虎赶忙先把听到的乐曲"米索米索，拉多拉多"写成"3535，6161"，然后从密码本上查出，这是"你好"两个字。

李虎激动极了，他立即打开"发报开关"，以同样的热情在键盘上弹出："米索米索，拉多拉多！"

不一会儿，琴中又奏出另一段乐曲，李虎一查，原来是对方在问："你是谁？"

李虎思考了一下，决定给自己起个代号，这样更神秘，更带劲。

他把这个代号告诉对方："大侠。"接着他反问："你是谁？"

对方的答复同样神秘莫测："仙子。"

虽然对方没说出真名，却有一点可以断定：那是个女孩子。哪有男子汉自称"仙子"的呀。

看来对方也已猜到"大侠"是个男孩，因为她这样问道："大侠欺负女孩子吗？"

李虎立刻回电否定："不。"这个字他是红着脸回答的，幸亏对方看不见。"不"字可以被理解为"不曾有过"，不过李虎的意思其实是："以后不会再有这种事了。"不过这样回答显得太没英雄气概了，所以他又补了一句："谁敢欺负你，大侠会教训他。"

"谢谢大侠。"

"仙子常常给男同学白眼吗？"李虎趁此机会反守为攻。

他等待着回答。可是这回没动静了。

李虎又认真重复了一遍。奇怪，却再也没听见乐曲传来。

怎么，那女孩生气了吗？李虎有点懊悔。但他是很有男子汉派头的，从不请求女孩的原谅。

二

联系就这样中断了。

但李虎心里还老想着这事儿。那位"仙子"究竟是什么模样？不知怎的，李虎认定她长得比全班——不，比全校的女生都要好看。她多大了呢？……

第二天放学后，在和昨天差不多的时间，李虎忍不住主动向"仙子"发了电报——当然他还是不肯请求原谅，只是装作没发生过什么事似的，照旧来了句问候："米索米索，拉多拉多！"

李虎正准备多重复几遍，没想到回电立即就来了，也是："米索米索，托多拉多！"

哈，原来那女孩也正等着通电报呢。

"大侠也做作业吗？"她又提了个新问题。

真正的大侠也许是不用做作业的吧？李虎心想。不过，大侠们得天天练功，也算是做作业的一种形式吧。于是李虎照实答道："做作业的，还挺辛苦的呢！"

那边停顿了一会儿，忽然建议道："我们对对答案好吗？先对算黄瓜的那道题怎么样？"

"同意！"李虎喜出望外。自习时，同桌女生总是把作业本挡得严严的，生怕被他偷看了答案。哼，谁稀罕看你的呀！想不到"仙子"这么大方。而且这样一来，李虎就知道那女孩和自己一样大了，因为作业相同，今天的习题里确实有一道算黄瓜的题呀。

李虎赶紧开始做作业。平时他做作业很快，不管是对是错，一阵风似的做完拉倒。可今天他不敢马虎了，要是做错了，就会让人家瞧不起呀。他仔细求出了答案，还准备再验算一遍。

电子琴响了，对方在问："怎么这么慢？"

李虎急忙回电："马上就好！"

这时，爸爸走了进来，他皱起眉头："小虎，怎么边做作业边弹琴？太不专心了！"

李虎在心里默念："爸爸，您不知道，我现在比任何时候都专心呢！"爸爸转身走开了。

电子琴又响了，对方说的是："我爸爸来了，明天再聊。"

啊，李虎想，这又是一个相同之处，她也有一个严厉的爸爸。

不料，李虎爸爸听到琴声又走了回来，这次他的脸色更难看了："叫你专心做作业，你又弹琴！"

李虎急得脱口而出："我没弹！"

爸爸很生气："我明明听见有琴声，你没弹，还会有谁弹？！"

"是……"李虎感到十分为难。不，无论如何都不能泄露和"仙子"通电报的事，这是只能藏在心里的秘密，宁愿受天大的委屈，也要守口如瓶。

想到这儿，李虎把胸一挺，把脸一扬："就算是我弹的吧！"

爸爸的脸都青了："小虎！还有一个星期就要期中考试了，你还这样漫不经心，毫不在乎！干脆，我把这琴没收了！"

李虎这下慌了，他紧抱着电子琴大声抗议："不行，您不能没收！不行！"

"我跟你说，"爸爸正色宣布，"我先把琴锁起来，要是你这次语文和数学两门都考不到七十分——不，八十分，我就把琴砸了！"

李虎知道爸爸从来都是说一不二，自己根本犟不过他的。他只好可怜巴巴地说："那，要是我考得好的话，就把琴还给我吧？"

"那当然。"

爸爸从李虎手里夺过电子琴，"咣"地锁进柜里了。

三

过了一天。

到发报时间了。

李虎听着柜子里发出"米索米索，拉多拉多"的电子琴声，既感动，又无可奈何。

又过了一天。

"仙子"仍在柜子里向"大侠"问好。爸爸听见琴声忙跑进来，李虎急中生智地打开收录机，震耳的立体声音乐立刻把爸爸弄得头昏脑涨。

可是，由于李虎一直没法回答对方，柜子里的琴声响了几天就消失了。

李虎以从没有过的劲头对待考前的复习。他别无选择，无论如何都要夺回这架非同一般的电子琴。

四

考试成绩公布：李虎语文考了八十五分，数学考了九十分！

爸爸捧着成绩报告单，又惊又喜地说："大有进步，大有进步啊！"

"把电子琴给我！"李虎迫不及待地大声说道。

爸爸愣了一愣，"噢！"他去打开了柜上的锁。

李虎急忙发起报来："大侠呼叫仙子！大侠呼叫仙子！请立即回电！……"

"你在弹什么怪曲子？"爸爸听了好一会儿，没听出什么名堂。

李虎不耐烦地一挥手："听不懂就算了！"

"这是什么？"爸爸又顺手抓起那本电子琴密码本翻了起来。李虎伸手去抢，被爸爸躲过了。"大概是一本生字表吧？"爸爸自说自话地猜测着。

"是的，是的！"李虎连忙拿回密码本，揣进书包里。

"大侠呼叫仙子！大侠呼叫仙子！"李虎继续发报。爸爸摇摇头走开了。

折腾了半天，也没得到一点儿回音。"都怪爸爸！"李虎不满地叹了一口气，只好把琴收了起来。

但就在这时，电子琴轻轻地响了一下，好像在试音。李虎立刻屏住了呼吸。

紧接着，琴中传出优美的舞曲，这是大家熟悉的《溜冰圆舞曲》："米——索拉拉，法——拉西西……"

李虎正高兴呢，可是用密码一翻译，这舞曲的意思竟是："讨厌极了，讨厌透了……"而且只弹了几句，就突然停下，再也没动静了。

李虎呆住了。

五

上课时，班主任老师对大家说："刚才校长在操场上捡到了一本密码本，叫各班查一查是谁掉的。"

"什么密码？"

"是开保险箱用的吗？"

同学们七嘴八舌地议论了起来。

李虎一掏书包，糟了，密码本不小心掉了……他顿时变了神色。

"安静，同学们！"班主任老师说，"这本密码本的封底上注明着：'供电子琴式收发报机使用'。那么，就是说现在有一种能发电报的电子琴，可以用来秘密联系……"

"太有意思了！"

"唉，我家那架破电子琴可发不了电报。"

"老师，这种电子琴哪儿有卖的？"

同学们的热烈反应又让老师说不下去了。

老师再次要求大家安静："我认为，同学们还比较小，进行这种脱离家长和老师的秘密联系是很危险的。我们班上有没有这样的同学呢？"

老师的目光扫来扫去。李虎的心怦怦跳。虽然这本密码他已能背下来，掉了也无所谓，但要是和"仙子"通电报的事被查出来，那多难为情呀。

班主任老师又说道："我对校长说：'这本密码不大可能是我们班上的，因为同学们的日记我都看过，我了解同学们。'……"

李虎这才放心。是的，老师让大家写日记，交日记，把学生日记当作课外作业来批阅，说这样一来可以练习写作，二来可以让老师了解同学们的思想情况。但李虎觉得有很多心里话是没法写到这种必须上交的日记里的。

"尽管这样，给大家敲敲警钟也是有必要的吧，我们还要去给生产这种电子琴的工厂提意见！"老师最后说道。

李虎不知道，班上还有一个人和他同样紧张，就是那个代号叫"仙子"的女生；她当然也不知道，她老惦记着的"大侠"每天和她同桌坐着。自从"大侠"与她失去了联系，她总以为他出了什么事，时时为他担心。今天这个密码本的出现，"仙子"将其看作"大侠"要和她恢复联系的一个信号——当然，一般人不会这样干的，可他是"大侠"呀。

六

"仙子呼叫大侠，仙子呼叫大侠！"

"我是大侠！我是大侠！"

"我真高兴，总算又联系上了。"

"我真快乐，你总算不生气了。"

"我没生气呀！"

"那前天的《溜冰圆舞曲》？"

"准是我表姐瞎弹的。前些日子你怎么失踪啦？"

"都怪我爸爸……"

七

李虎和同桌女生仍然很少说话。但"大侠"和"仙子"的联系越来越密切了。他们谁也不再追问对方的真实姓名，都觉得这样就挺好。他们不认为这样做有什么坏处。

校科技小组的几个尖子组员将一架电子琴改装成收发报机（这当然是因为在"密码风波"中受到了启发），而且已经试验成功。他们准备为每个买了电子琴而又希望进行这种秘密通电报的同学提供帮助——当然，这种帮助也只能在秘密状态下进行。

这么多电子琴发起报来，那可就热闹啦。

▶名著导读课堂
▶作家故事影像
▶阅读技巧点拨
▶漫游世界名著
扫码获取

观战的女孩

这是一个在体育上很全能的男孩。他经常参加各种比赛，赢得多，输得少。

有一次，他在参加一项投掷比赛，是铅球？标枪？记不清楚了。他记得最清楚的是，他一使劲，将那铅球或标枪投出去时，忽然听见了一声尖叫。

他赶紧回头看观众席，一个女孩站起来，正对他笑着。

他下一次投掷时，成绩远远超过对手，得了冠军。

后来，比赛跳高，他又听到女孩的尖叫，再次得了冠军。

比赛飞镖时，没有尖叫声，他输了。

他以为这是偶然的，就没怎么往心里去。但柔道比赛时还是没有听到尖叫声，他又输了。

男孩想了又想，就找到了那女孩，邀请她每次都要来看他的比赛。他承认她的尖叫似乎和他的胜利有关系。

女孩答应每次都来，并解释说，前两次她也来了，只是当时扁桃体发炎，没能尖叫。

从此，无论是在大西洋比冲浪，还是在南极比滑雪，女孩每赛必到，男孩每赛必赢。

在马拉松比赛中，女孩骑马；在赛马时，女孩骑摩托；在赛摩托时，女孩甚至雇了一架直升机——不管怎样，一定要让男孩听到她的尖叫声。

但在一次游泳大赛上，男孩和女孩闹翻了。

"各就各位——"裁判举起发令枪。

男孩在弓下腰来的一刹那，朝女孩的座位上扫了一眼——怎么？她去哪儿了？

男孩请求裁判慢点开枪，裁判不肯；男孩又要裁判等一等，裁判就是不肯。

"啪！"

比赛立即开始，但很快结束了，只用了几十秒钟。

女孩摇摇摆摆地走回来，遇上了男孩愤怒的眼神。

"你去哪儿了？"

"口香糖吃完了。"她买口香糖去了。

那个座位上不能没有女孩。但女孩的嘴里不能没有口香糖。

女孩叫男孩不要老是用充满恨意的眼神看着他，否则她要生气了。后来她真的生气了。

男孩接着去了罗马参加击剑赛。

他浑身没劲地走进赛场……又浑身没劲地走出赛场。一直走到女孩身边。

女孩见他这样，问："输了？"

他摇摇头。

"那就是赢了？"

还是摇头。

男孩说："我们打平了。因为，他那边的女孩不知怎么也生气了。"

女孩忍不住大笑起来……

好几次她觉得自己已经笑够了，想停下来，但又停不下来。

看她这样笑，男孩感觉自己像一个气球一样一点一点又鼓了起来：没错，他又能赢了。

啊呜喵（节选）

变形罐头

一只猫在看武侠书，书中讲的是一个坏人让好人误认为另一个好人是敌人，并与之战斗，后来好人识破了坏人的伪装，最终两个好人联合起来击败了坏人。

猫看着看着，耳边传来"嘿哈""砰啪"的搏斗声。

"怎么回事？"他想，"难道是因为我看书太入迷了吗？"

他抬起头来。真的，不远的地方真的在打架——一只大个子老鼠正在欺负一只小个子青蛙。

这只猫立刻跳了出去，说："哼，大欺小，不像话！"

老鼠对猫说："不要你管。"

青蛙对猫说："要你管。"

猫对老鼠说："只要你有本事把我的胡子拔下一根来，我就不管了。"

老鼠打量了一下猫的个头，说："哎呀，这可真难，弄不好会被你咬一口。好，算你狠！"

老鼠灰溜溜地走掉了。

"您真了不起，"青蛙对猫佩服极了，"像老鼠这样厉害的家伙，您用一根胡子就把他吓跑了。"

猫听青蛙这么说，很高兴。

"对，只用一根胡子！我应该再找些事管管，因为我有这么多根胡子呢。"

猫一边走一边唱起歌：

miāo miáo miǎo miào，

miǎo miào miāo miáo。

miáo miǎo miào miāo，

miào miāo miáo miǎo。

他运气真好，很快又找到一件可以管的事。他看见狼先生在欺负狐狸女士，立刻又打抱不平。

猫说："哼，男欺女，不像话！"

狼瞪了他一眼："不要你管！"

狐狸女士也不相信他："你管得了吗？"

猫对狼说："只要你有本事把我的胡子拔下一根来，

我就不管了。"

可是狼并没被吓跑，他把猫所有的胡子都拔了。

狐狸女士说："你怎么敢管狼先生的闲事，你又不是老虎。"

狼"咚"的一脚，像踢足球一样，把狐狸踢得飞了出去，然后威风十足地走了。

猫捧着痛苦的脸在地上东找西找，找到他的那些胡子，一根一根重新安上去。

猫想起狐狸女士的话："唔，要是能变成老虎，狼那家伙见到我就会老实一点了。"

猫去请教乌龟公公。

乌龟公公知道很多，什么都难不住他。乌龟公公告诉猫："要想变一变？有办法，有办法。向东走三千里路，那儿有座山，山里有口泉，喝了泉水就可以变成老虎了。"

猫带上干粮上路了。他走得又累又渴。

路边有个小店，猫就去问店老板："有什么喝的吗？"

"有。"老板拿出一个罐头，"一百块钱一罐。"

"怎么这么贵？"

"您还嫌贵？"老板说，"这水是从三千里外弄来的，那儿有座山，山里有口泉……"

猫叫起来："哈！是不是喝了这水，猫就可以变成老虎？"

"没错，没错，您还真识货。"

哎呀，是谁想出这好主意，省得跑三千里路啦！

猫立刻买下这罐头，"啪"地打开，"咕咚咕咚"喝下肚去。

只听肚里乱七八糟一阵响，猫身上开始变样——长出了老虎的花纹。

他像老虎一样大吼一声："啊呜——喵！"

嗯？有点儿不对劲。

猫问老板："怎么没全变过去？"

老板说："没错，老虎现在流行叫'啊呜喵'，国外的老虎都是这样叫的。"

猫发火了，他使出老虎的劲头，一把揪住老板："骗人！说，你在搞什么名堂？"

老板慌了，说："没有，没有。我是为了多卖些钱，在罐头里加了一点水，所以，所以……"

老板说到这儿，灵机一动，想："对了，他一半是老虎，一半是猫，我还可以用对付猫的法子对付他。"于是便伸出手去，在那毛茸茸的脑袋上摸了一把又一把。

猫自言自语："被他这么一摸，简直想睡觉了……哼，等我睡醒了，再跟你……算账……"

猫睡着了。

店老板大笑："哈，这个'啊呜喵'！"

送信

乌龟公公走过啊呜喵家门口时，被啊呜喵叫住："乌龟公公，今天是我过生日，分给您一块蛋糕！"

乌龟公公接过蛋糕："唔，好极了。不过，看到你过生日，我忽然想到，我也该有个生日吧？"

啊呜喵点点头："应该有的。"

"好多年以前，在我还能记住一些事的时候，我赶紧请人把我的生日刻到我背后的硬壳上，免得以后忘掉了。啊呜喵，你帮我到后面看看，我什么时候过生日？"

啊呜喵便去读刻在乌龟硬壳上的字，再一算，吓了一跳，说："再过三天，您就五百岁啦！"

"我有这么大岁数吗？"乌龟自己也吓了一跳，"那就麻烦你三天以后来提醒我一下，这个生日我一定要过。我有好多年忘记过生日了。"

啊呜喵一口答应。这点忙都不能帮，还好意思自称"大侠"？

可是过了三天，天气忽然热了起来，把啊呜喵浑身的懒劲儿都激发出来了。他只想睡觉，不想动弹，何况乌龟公公住得又不近。

"但说过的话不能不算数呀！"他想。

忽然，窗外有送信的经过，"对，写封信去。"啊呜喵拿起了笔。

乌龟公公：

　　我来提醒您，今天是您的生日，您已经五百岁了。还要提醒您，别忘了给我留一块蛋糕。等天不太热的时候我会去您那儿吃蛋糕。

　　　　　　　　　　　　　　　　啊呜喵大侠

啊呜喵家门口就有个邮筒，很方便的。"咚"，他把信扔进去。

啊呜喵正要走开，忽然来了个矮老太太，也拿着一封信。

矮老太太要扔信可又够不着，就对啊呜喵说："请帮帮忙。"

啊呜喵帮老太太把信扔进邮筒时，发现信封上写了很多字。

他这才想到，自己的信封上没写字。

没写上乌龟公公的名字和地址，再聪明的送信人也没办法送这封信。这封信送不到，乌龟公公就过不成生日了，也就不会为啊呜喵留一块蛋糕了。

啊呜喵着急了："让我把我的信倒出来，重新写信封。"

他一使劲，把邮筒扳倒了，抱在怀里，朝外倒信。

"噗"，倒出一封来。啊呜喵一看，不是自己那一封。

他又把邮筒"哗啦哗啦"上上下下摇一摇，再倒出一封——仍然不是。啊呜喵的运气不太好。

"不过，"啊呜喵想，"这样不停地倒呀倒呀，总会倒出我的那封信。只是把人家的信倒出来了，总不能扔在马路上，那可太不像大侠干的事了。干脆，倒出一封，送掉一封……"

第一封信上写着"小兔收"。小兔住在东边。第二封信上写着"小羊收"。小羊却住在西边。

啊呜喵扛起邮筒，跑到东边，又跑到西边，把两封信送去了。

啊呜喵刚要从肩上放下邮筒，却倒出第三封信……

只见迎面走来一个盲人。为了不撞到盲人，啊呜喵急忙后退一步。

可这一退，后面大叫起来："踩到我了！"

啊呜喵回头看，原来是河马。河马一副很生气的样子："踩了我的脚，你说怎么办？"

啊呜喵帮河马脱了鞋，脱了袜子："咦，也不红，也不肿。"

河马说："还好，我皮厚。"

啊呜喵说："还好，踩了皮厚的。"

"不过总不能白踩。我这个人最喜欢公平了。"

"如果我是你，我就会原谅对方。但像我这样的大侠到底很少有……来吧！"

啊呜喵伸出一只脚，硬着头皮让笨重的河马踩了一下。

"很好，这样我心里好过多了。"河马满意地点点头，走掉了。

啊呜喵等到被踩的那只脚疼得好一点了，就再搬弄邮筒，让第三封信从邮筒里掉出来。

啊呜喵有些发呆，只见信封上写着：

火嘴巴街小眼睛巷

河马先生收

"老实说，我不喜欢河马先生。"啊呜喵自言自语，"如果我不是大侠，我就不会让河马今天收到这封信。我要故意耽搁他一下，也许耽搁他三天，也许耽搁他一星期，一个月，一年……"啊呜喵这样想着，已经觉得很解气了，但回过头来想，"不过，我不可能不是大侠，我已经是了呀！大侠应该宽宏大量。我身体虽然没有河马大，但气量应该比他大。"

啊呜喵就又扛起邮筒，在大太阳底下辛辛苦苦地赶到了大嘴巴街小眼睛巷。

河马正坐在门口的树荫下乘凉。他看到啊呜喵走过来，便挥一挥手里的大蒲扇："走开，走开，我可不想看到你。"

啊呜喵问："为什么？"

河马说："大热天我不干活，也怕看别人干活。见你扛这么重的东西，我的背上就会冒汗。不过，等一等，你手上那封信是不是送给我的？"啊呜喵说："是你的。"河马赶紧拆开信一看，原来是一头母河马寄来的，信里写着一首歌："……你的小眼睛，明亮又闪烁，仿佛天上星，是最亮的一颗！"河马乐得合不拢嘴。

乐过之后，河马对啊呜喵说："你给我送来这样的快乐，要是让你白送，那就太不公平了。"

啊呜喵问："你说怎么办？"

河马想起在街上的事："嗯，我也让你踩一脚吧，踩重一点儿也不要紧。"

啊呜喵说："我不想踩你。"

"那你说怎么办？"

啊呜喵想了想："你来扛邮筒，帮我送掉一封信。怎么样？"

"好，好吧。"

啊呜喵又"哗啦哗啦"摇一摇邮筒，倒出下一封信……

这是张明信片，寄给狐狸的。

狐狸小姐：

　　我在搜集名人手迹。听说您认识大侠啊呜喵，如果您能代我讨到一枚大侠的脚印，我就是世界上最幸福的人啦。

　　　　　　　　　　　　　　　　　一个名人崇拜者

河马问啊呜喵："您愿意把脚印给人家吗？"

啊呜喵说："总不能让人家失望呀！"他立刻找了张纸，端端正正地按上了一个脚印。

河马看了看明信片上收信人和寄信人的地址，说："崇拜者的家比狐狸的家离这儿近些，所以我们可以直接把脚印送给崇拜者。"

啊呜喵却不同意："人家崇拜我，就是因为我做事像个大侠。既然这明信片是寄给狐狸的，我就要让狐狸收到。等她看过明信片，向我提出要求，我再答应她……"

啊呜喵让河马扛着邮筒，一起来到狐狸家。

狐狸看了明信片，笑眯眯地对啊呜喵说："我很愿意帮我朋友的忙，但这要看您愿不愿意帮我的忙了。"

"愿意的，愿意的！"啊呜喵不等狐狸说出崇拜者的事，赶紧就将那张印有脚印的纸递了过去。

狐狸把印有脚印的纸装进一个信封，写上地址，又递给啊呜喵："谢谢您给我面子，尊敬的大侠！帮忙帮到底，还请您把这个送给崇拜者。"

"还是我送？"

"应该的呀！他崇拜的是您，不是我呀！"

"对，这跟我也没关系。"河马也赶紧放下邮筒，溜掉了。

啊呜喵擦了擦汗，运一运气，正要扛起邮筒再动身——

"慢，"只听狐狸又说，"我不会只有一封信，我有那么多朋友呢。我们总是有一些最新的消息传来传去……麻烦大侠再替我找找吧。"

啊呜喵就再摇一摇邮筒，往外一倒，一封信掉出来……咦，果然又是寄给狐狸的。

狐狸读着信，马上变了脸色。

"什么新消息？"啊呜喵问，"是哪个明星出事了吗？"

狐狸悲哀地摇摇头，把信递给啊呜喵。

只见信上写着——

狐狸：

    我生病了。本来一天吃三顿，现在要吃四顿了。所以请你每天给我送一顿。不行的话，我来给你送一顿！

                                        狼

啊呜喵正在琢磨怎样对付狼的病，只见小兔和小羊满头大汗地跑来："啊呜喵大侠，我们到处……到处找您！"他们手上都拿着啊呜喵刚才送来的信。

啊呜喵说："给你们带来快乐，我自己也快乐，不用再谢了。"

"可您给我们带来的不是什么快乐呀！"小兔和小羊愁眉苦脸地说。

啊呜喵接过小兔、小羊手里的信一看，跟给狐狸的信一样："我生病了。本来一天吃三顿……"

啊呜喵叹一口气："谁叫我是大侠呢？"

不管怎么热，不管怎么累，啊呜喵也得去给狼一个教训，要他把每天吃四顿改回每天吃三顿。

啊呜喵把邮筒里的信全部送完了，最后一封是他写给乌龟公公的。

乌龟公公看了信，对啊呜喵说："谢谢你提醒我过生日。我会分给你一块蛋糕。现在就吃吗？"

"当然，现在就吃！"他跑了半天，早就饿了。

"不过，"乌龟公公提醒啊呜喵，"你信上说，'等天不太热的时候'……"

啊呜喵把自己写的信再看一遍，没错，是这样说的。"那么，大侠说话不能不算数，"他咽口唾沫，"只好下次再来了。"

　　"等一等，"乌龟公公摸摸自己滚烫的硬壳，"据我的预测，明天会更热。比起明天来，今天就可以算'不太热的时候'啦！"

　　"对，谢谢！"

　　啊呜喵心安理得地吃下了乌龟公公的生日蛋糕，然后还要干一件事——把那个大邮筒搬回原来的地方。

▶名著导读课堂
▶作家故事影像
▶阅读技巧点拨
▶漫游世界名著

扫码获取

摇铃铛的绿手指

有一位老爷爷，一个人住。他很喜欢花，养了十盆花。他每天都要给花浇水。他的屋子香香的，都是花的香味。

老爷爷越来越老了，越来越没有力气了。一个人很小的时候是没有什么力气的，后来慢慢长大，力气会越来越大。但到年老的时候，力气又小下去了。老爷爷给十盆花浇水都觉得吃力了。

老爷爷对自己说："我只能给九盆花浇水了吧。"

可是，只浇九盆花，还有一盆怎么办呢？没办法，老爷爷只好把一盆花送给人家，尽管他非常舍不得。

老爷爷每天只浇九盆花了。又过了些日子，老爷爷只能浇八盆花了。再后来呢？对了，只能浇七盆、六盆、五盆、四盆、三盆、二盆，最后剩下一盆了。

到了连一盆花也浇不动的时候，老爷爷哭了。

老爷爷站在门口，看着人家把他的最后一盆花拿走了，他伤心极了，眼泪滴滴答答落到地上。

老爷爷的眼泪流进泥土里，过了一会儿，那地方长出了一个绿色的小芽。长呀长，小芽长成了苗苗。

老爷爷对苗苗说："你是草还是花？不管你是草还是花，我已经没有力气给你浇水了，我只会淌眼泪，可是你不能让我天天对着你哭啊！"

老爷爷慢慢地走回屋里。最后一盆花还留下一点点香味。终于一点儿香味也没有了。老爷爷叹了口气，倒在床上，迷迷糊糊地睡着了。

不知道睡了多长时间，老爷爷忽然醒来了，他听见叮咚叮咚的声音。这是风铃的声音。老爷爷在屋前挂了一串风铃，风吹动铃铛的时候，叮咚，叮咚，好听极了。

可是，老爷爷觉得奇怪，现在没有风呀，一点儿风也没有，是谁碰响了铃铛？

真的，外面没有风，也没有人。

窸窸窣窣，窸窸窣窣，有什么东西从窗户外面爬进来了。

老爷爷的眼睛不好，看不清楚。

这是一根长着一片又一片绿叶的长长的藤子，这根绿藤子不慌不忙地爬进窗户，又爬呀爬，来到老爷爷跟前。

绿藤子伸进老爷爷胸前的口袋，把老花眼镜拿了出来，给老爷爷戴上，绿藤子让老爷爷好好看看它。

老爷爷这下看清楚了，他问藤子："是你摇响风铃的吧？"

藤子像是点了点头。

"你就是那棵才长出来的苗苗吧？"

藤子又点了点头。

老爷爷笑了，说："谢谢你来陪伴我。谢谢你在没有风的时候让我听到叮咚叮咚的声音。但我叫你什么呢？"

老爷爷想了想："就叫你绿手指吧。"

绿手指朝电视机爬过去，它去替老爷爷打开电视机。

但这个电视机是坏掉的，一打开就发出刺耳的声音。电视里的人老是在往上爬，往上爬，不肯停下来。

老爷爷看电视里的人没完没了地往上爬，他受不了啦，说："我的头昏了，我的头昏了！"

绿手指就高高地跳起来，它像一条鞭子一样抽了电视机一下——啪！

电视机抖了抖，电视机里的人不往上爬了，开始往下爬，没完没了地往下爬……

老爷爷一手扶着昏得更厉害的头，一手指着床头柜的抽屉："快，绿手指，请你把治头昏的药给我拿来，再给我倒一杯热水。"

绿手指赶快关了电视机，再爬到床头柜前，拉开了抽屉。这里面有满满一抽屉的药水、药粉、药片、药丸，绿手指不知道哪一种是治头昏的，就一样一样抓起来，全都扔到了老爷爷怀里。

老爷爷抱着一大堆药丸、药片、药粉、药水，一样一样地找起来……药太多了，必须找得十分专心，以至于找到后来把头昏忘记了。忘记了头昏，老爷爷问自己："咦，我到底要找什么药呢？"

绿手指拖着长长的身子爬到厨房，打开煤气，烧了一壶水。然后把壶里的水倒在玻璃杯里。它端起玻璃杯又爬出厨房。

可是杯子里的水太烫了，绿手指很怕烫的，绿手指很快被烫成了红手指。红手指拿着玻璃杯摇摇晃晃往回爬，爬得很急很快，快要爬到老爷爷身边时，玻璃杯掉了下来，"当啷！"杯子摔成了几片。

老爷爷很心疼。他不是心疼杯子摔碎了，是心疼绿手指烫成了红手指。他赶紧从一大堆药里找出一支治烫伤的药膏，把药膏抹在红手指上。

药膏很有用，不一会儿，红手指又慢慢变绿了。

老爷爷坐下来，让绿手指爬到他手上，说："我不喜欢看电视，我喜欢听唱片，听一些老歌，我们那时候的歌。你也喜欢音乐的吧？不然你不会碰我的铃铛呀。但我的那架老唱机要用手摇的，不知道我现在是不是还摇得动。"

老爷爷就走到他的老唱机跟前，把他听了一千遍的那张唱片放到唱机上。然后老爷爷抓住摇把用力摇，他真的摇不动了。绿手指就爬到摇把上，帮着老爷爷一起摇。唱机嘶啊嘶啊地转起来，唱片唱起一首好听的歌。

> 我等着我的铃儿唱起来，叮咚，叮咚。
>
> 铃儿等着风儿吹过来，叮咚，叮咚。
>
> 风儿说：我的劲很大，瞧我的吧，瞧我的吧。
>
> 铃儿说：轻一点儿，铃声轻轻像个美丽的梦。

听着好听的歌，老爷爷的身子一晃一晃，绿手指也一扭一扭，全是很高兴的样子。

老爷爷又说："绿手指啊，你帮我做了好些事，渴了吧，墙角有把浇花的壶，你去给自己浇浇水吧。"

绿手指就提起那把浇花的壶，接着拧开水龙头，"哗哗"地灌了一壶。绿手指把壶提到外面，自己给自己浇水，因为它的根在外面，浇水要浇到根上。

老爷爷看着绿手指自己浇自己，就像洗澡一样，老爷爷不由得心想："我也该洗洗澡啦。"

他心里这样想，身上就觉得痒，一痒就要用手抓。

老爷爷东抓抓，西抓抓，绿手指就放下壶，来帮老爷爷抓痒。可是，用小小的叶子来抓痒，这不是越抓越痒吗？老爷爷最怕痒了，痒得他哈哈直笑，差点儿笑到地上。

老爷爷说："别，别抓了！你要帮我，就像浇花一样给我浇一浇吧。"

老爷爷回到屋里，脱了衣服，绿手指就提了浇花的壶，给老爷爷从头往下浇……

老爷爷这个澡洗得好舒服。但等他穿好衣服，回头一看，绿手指趴在地上，一副有气无力的样子。

老爷爷过意不去了，说："把你累成这个样子，真不好意思。以后，你不用帮我做事了，只要陪我聊聊天就行了。"

绿手指动了动身子。老爷爷看见，绿手指是在地上摆成个大大的问号。

老爷爷说："哦，你的意思是，你不会说话，怎么能跟我聊天呢？不过，我们可以想想办法，想想办法。我这一辈子遇到许许多多像是根本做不好的事，后来想了办法，都做好了。"

老爷爷东看看，西看看。

他想办法的时候就喜欢这样东看西看的。

他先看到电灯。但电灯没使他想出好办法。

他又看到拖鞋。拖鞋也没使他想出好办法。

他又看到一只飞来飞去的苍蝇。苍蝇也没使他想出好办法。

这时有了点儿风，外面叮咚一声。老爷爷心里一动——风铃使他想出了好办法！

老爷爷就对绿手指说："你要是想说——老爷爷，早上好，你就摇一下铃铛，叮咚！你要是想说——我做了个梦，但怎么想也想不起来了，你就摇两下铃铛，叮咚，叮咚！摇三下铃的意思是——您的呼噜打得太响啦，能不能轻一点儿？摇四下铃的意思是——您的扣子扣错洞眼啦。你要是想问我——您还记得年轻时候的事吗？你就摇五下铃，我就把年轻时的故事讲给你听。你要是想问我——您还会唱小时候的歌吗？你就摇六下铃，我就把小时候的歌唱给你听……"

从此以后，老爷爷的屋子再也不冷冷清清的。听不见铃铛声的时候，那是绿手指在帮老爷爷做事呢。等到绿手指和老爷爷聊起天来，那可就不停地响着——叮咚！叮咚！叮咚！叮咚！

…………

课本里的作家

爱阅读 学生精读版 ★★★★★

序 号	作 家	作 品	年 级
1	金 波	金波经典美文：第一辑 树与喜鹊	一年级
2	金 波	金波经典美文：第二辑 阳光	
3	金 波	金波经典美文：第三辑 雨点儿	
4	夏辇生	雷宝宝敲天鼓	
5	夏辇生	妈妈，我爱您	
6	叶圣陶	小小的船	
7	张秋生	来自大自然的歌	
8	薛卫民	有鸟窝的树	
9	樊发稼	说话	
10	圣 野	太阳公公，你早！	
11	程宏明	比尾巴	
12	柯 岩	春天的消息	
13	窦 植	香水姑娘	
14	胡木仁	会走的鸟窝	
15	胡木仁	小鸟的家	
16	胡木仁	绿色娃娃	
17	金 波	金波经典童话：沙滩上的童话	二年级
18	金 波	金波经典美文：一起长大的玩具	
19	高洪波	高洪波诗歌：彩色的梦	
20	冰 波	孤独的小螃蟹	
21	冰 波	企鹅寄冰·大象的耳朵	
22	张秋生	妈妈睡了·称赞	
23	孙幼军	小柳树和小枣树	
24	滕毓旭	神秘隐身人	
25	吴 然	吴然精选集：五彩路	三年级
26	叶圣陶	荷花·爬山虎的脚	
27	张秋生	铺满金色巴掌的水泥道	
28	王一梅	书本里的蚂蚁	
29	张继楼	童年七彩水墨画	
30	张之路	影子	

序号	作家	作品	年级
31	周锐	慢性子裁缝和急性子顾客	三年级
32	张晓楠	一支铅笔的梦想	
33	洪汛涛	神笔马良·鸡与鹤	
34	曹文轩	曹文轩经典小说：芦花鞋	四年级
35	高洪波	高洪波精选集：陀螺	
36	吴然	吴然精选集：珍珠雨	
37	叶君健	海的女儿	
38	茅盾	天窗	
39	梁晓声	慈母情深	五年级
40	陈慧瑛	美丽的足迹	
41	丰子恺	沙坪小屋的鹅	
42	郭沫若	向着乐园前进	
43	叶文玲	我的"长生果"	
44	金波	金波诗歌：我们去看海	六年级
45	肖复兴	肖复兴精选集：阳光的两种用法	
46	臧克家	有的人——臧克家诗歌精粹	
47	梁衡	遥远的美丽	
48	钱万成	我从山中来	
49	臧克家	说和做——臧克家散文精粹	七年级
50	郭沫若	炉中煤·太阳礼赞	
51	刘慈欣	带上她的眼睛	
52	魏巍	谁是最可爱的人	
53	贺敬之	回延安	八年级
54	刘成章	刘成章散文集：安塞腰鼓	
55	叶圣陶	苏州园林	
56	茅盾	白杨礼赞	
57	严文井	永久的生命	
58	吴伯箫	吴伯箫散文选：记一辆纺车	
59	梁衡	母亲石	
60	汪曾祺	昆明的雨	
61	曹文轩	曹文轩经典小说：孤独之旅	九年级
62	艾青	我爱这土地	
63	卞之琳	断章	
64	梁实秋	记梁任公先生的一次演讲	高中
65	艾青	大堰河——我的保姆	
66	郭沫若	立在地球边上放号	